# Xangô

*Ademir Barbosa Júnior*
*(Dermes)*

# SARAVÁ

# *Xangô*

© 2019, Editora Anúbis

**Revisão:**
Tânia Hernandes

**Projeto gráfico e capa:**
Edinei Gonçalves

**Dados Internacionais de Catalogação na Publicação (CIP)**
**(Câmara Brasileira do Livro, SP, Brasil)**

Barbosa Júnior, Ademir
  Saravá Xangô / Ademir Barbosa Júnior (Dermes). -- São Paulo: Anubis, 2014.

  Bibliografia.
  ISBN 978-85-67855-15-8

  1. Orixás 2. Umbanda (Culto) 3. Xangô (Culto) I. Título.

14-04711                                                    CDD-299.67

**Índices para catálogo sistemático:**
1. Orixás : Culto : Religiões de origem
africana    299.67

São Paulo/SP – República Federativa do Brasil
*Printed in Brazil* – Impresso no Brasil

Este livro segue as novas regras do Acordo Ortográfico da Língua Portuguesa.

Os direitos de reprodução desta obra pertencem à Editora Anúbis. Portanto, não é permitida a reprodução total ou parcial desta obra, de qualquer forma ou por qualquer meio eletrônico, mecânico, inclusive por meio de processos xerográficos, incluindo ainda o uso da internet, sem a permissão expressa por escrito da Editora (Lei nº 9.610, de 19.2.98).

Distribuição exclusiva
**Aquaroli Books**
Rua Curupá, 801 – Vila Formosa – São Paulo/SP
CEP 03355-010 – Tel.: (11) 2673-3599
atendimento@aquarolibooks.com.br

Para Luiz Alexandre (Tim Maia), Pai Miguel Aparecido Calente Júnior, Pai Ortiz Belo de Souza, Pai Ronaldo Linares e Pai Marco Aurélio de Oliveira.

Kaô Cabecile!

Axé!

# Xangô

Xangô é vermelho e branco, espécie de síntese entre o vermelho de Exu e o branco de Oxalá (Candomblé). É o marrom da terra, do hábito franciscano, da pedra (Umbanda). É o Orixá da Justiça. Justiça com compaixão: uma vivência cotidiana. Xangô é dança, é expressão, é eloquência em todos os sentidos, não apenas da palavra. Xangô quer falar, rodar, brincar, ser visto.

Orixá do fogo, do raio, do trovão, faísca que pode provocar incêndio. Paixão, devoção, plenitude de potencialidades, fogo que prova de si mesmo e, por isso, não se queima. Sensibilidade à flor da pele, lava que se assenta para ouvir melhor e argumentar, em vez de explodir, em exercício de impassibilidade de pedra. Montanha que se alcança com passos precisos, pois do alto a vista é maior. Fogo que se alimenta de si: Xangô.

O machado de Xangô, batendo na pedra, gera faísca. Justiça, equilíbrio, verdade que se abre, vem à tona e, literalmente, queima. Xangô sincretizado com tantos santos, dentre eles São João Menino e a fogueira; São Jerônimo e o patriarca Moisés e com o texto escrito; com São Pedro, o apóstolo cujo arquétipo é o do mais humano, nem distante como Judas nem tão próximo quanto João: aquele que promete e não cumpre, que forja a sua fé no fogo da experiência e por isso se torna líder.

Xangô também é Santo, é Orixá: energia bruta, em ebulição, para ser trabalhada de maneira harmônica, pois o Aiê pode ser Orum, e vice-versa, o diálogo pode ser constante, sem cobrança de tarifa de interurbano ou pedágio de rodovia.

Kaô Cabecile!

Rei que nos lembra de que todos somos divinos, reais (em todos os sentidos). Rei do vermelho e do branco e também do marrom, da energia telúrica, da vida, do intenso. Rei que carrega rei nas costas, a fim de compensar uma injustiça contra seu pai Oxalá.

São várias as qualidades de Xangô (as mais conhecidas são doze), e há quem sustente que Ayrá não seria propriamente um Xangô, mas teria seu culto amalgamado ao do Orixá do fogo. Para muitos Ayrá é um Xangô mais velho, mais maduro; outros o qualificam como jovem. Ayrá se veste de branco para saudar Oxalá.

Xangô que não resiste aos encantos do feminino ("Meu reino por um chamego."). Só mesmo as águas de Oxum, Oyá e Obá para refrescar tanto fogo: as mesmas águas fervem com o fogo. Xangô: paixão e tensão com Obá. Xangô apaixonado por Oxum, mas que não vai morar no fundo do rio. Xangô e Iansã comungando do fogo, alimentado pelo vento. Quem disse ser fácil ter três esposas?

"Água mole em pedra dura/ tanto bate até que fura." Novamente as águas das meninas provocando Xangô, pois pedra também tem vida, respira, cresce, rola. Xangô é pedra que deita e rola.

Conta-se que certa vez Xangô fugiu de seus perseguidores vestido de mulher, auxiliado por Oyá. Os inimigos lhe abriram caminho pensando tratar-se da linda Iansã. Bela imagem da integração entre masculino e feminino: colocar-se no papel do outro para salvar/conhecer a si mesmo.

Xangô: o raio que na noite escura indica o caminho; o corisco na madrugada; o machado que separa e une os opostos, num ir e vir, no ritmo e no fluxo da vida; o pai que pune o filho de modo assertivo, justo e de maneira a conscientizá-lo das responsabilidades do erro e da reparação (o pai que não bate, não vinga); a pedra firme e segura, mas que sabe rolar; a beleza, o donaire, a elegância na simplicidade e sem afetações; a sabedoria de viver a realeza na realidade; o trovão que avisa; a celebração nas pequenas e nas grandes coisas; o coração; a paixão; o amor; o riso largo; o fogo em todas as nuances.

Emi Xangô Obá Iná! (Eu sou Xangô, o Rei do Fogo!)
Kaô, meu Pai! Kaô!

*Ademir Barbosa Júnior*
(Dermes)

# Sumário

Prece de Cáritas . . . . . . . . . . . . . . . .   13
Hino de Umbanda . . . . . . . . . . . . . . .   15
Pai Nosso Umbandista . . . . . . . . . .   17
Credo Umbandista . . . . . . . . . . . . .   19
Salmo 23 na Umbanda . . . . . . . . . .   21
Introdução . . . . . . . . . . . . . . . . . . . .   23
Orixá . . . . . . . . . . . . . . . . . . . . . . . . .   27
Candomblé . . . . . . . . . . . . . . . . . . .   33
Umbanda . . . . . . . . . . . . . . . . . . . . .   41
Diversidade . . . . . . . . . . . . . . . . . . .   53
Xangô . . . . . . . . . . . . . . . . . . . . . . . .   59
Cores . . . . . . . . . . . . . . . . . . . . . . . .   67
Símbolos . . . . . . . . . . . . . . . . . . . . .   71
Sincretismo . . . . . . . . . . . . . . . . . . .   77
Comidas e bebidas . . . . . . . . . . . . .   85
Corpo humano e chacras . . . . . . . . .   89
Elemento e ponto de força . . . . . . . .   95
Incompatibilidades . . . . . . . . . . . . .   99
Ervas e flores . . . . . . . . . . . . . . . . . .  103
Planetas . . . . . . . . . . . . . . . . . . . . . .  107
Algumas qualidades . . . . . . . . . . . .  109
Registros . . . . . . . . . . . . . . . . . . . . .  111

Orações . . . . . . . . . . . . . . . . . . . 127
Legislação . . . . . . . . . . . . . . . . . 131
Bibliografia. . . . . . . . . . . . . . . . . 133
O autor . . . . . . . . . . . . . . . . . . . 141

# Prece de Cáritas

DEUS, nosso Pai, que sois todo poder e bondade, dai força àquele que passa pela provação; dai a luz àquele que procura a verdade, pondo no coração do homem a compaixão e a caridade.

Deus, dai ao viajor a estrela guia; ao aflito, a consolação; ao doente, o repouso. Pai, dai ao culpado o arrependimento; ao espírito, a verdade; à criança, o guia; ao órfão, o pai.

Senhor, que a vossa bondade se estenda sobre tudo o que criaste.

Piedade, Senhor, para aqueles que não vos conhecem; esperança para aqueles que sofrem.

Que a vossa bondade permita aos espíritos consoladores derramarem por toda parte a paz, a esperança e a fé.

Deus, um raio, uma faísca do Vosso Amor pode abrasar a Terra.

Deixa-nos beber nas fontes dessa bondade fecunda e infinita e todas as lágrimas secarão, todas as dores acalmar-se-ão.

Um só coração, um só pensamento subirá até Vós como um grito de reconhecimento e amor.

Como Moisés sobre a montanha, nós Vos esperamos com os braços abertos.

Oh! Poder... Oh! Bondade... Oh! Beleza... Oh! Perfeição... E queremos de alguma sorte alcançar a Vossa Misericórdia.

Deus, dai-nos a força de ajudar o progresso a fim de subirmos até Vós.

Dai-nos a caridade pura; dai-nos a fé e a razão; dai-nos a simplicidade que fará de nossas almas o espelho onde deve refletir a Vossa Santa e Misericordiosa Imagem.

# Hino de Umbanda

Refletiu a luz divina
em todo seu esplendor;
é do Reino de Oxalá
onde há Paz e Amor.

Luz que refletiu na terra,
luz que refletiu no mar,
luz que veio de Aruanda
para tudo iluminar.

A Umbanda é Paz e Amor,
é um mundo cheio de luz...
é a força que nos dá vida
e à grandeza nos conduz.

Avante, filhos de fé
como a nossa Lei não há...
levando ao mundo inteiro
a bandeira de Oxalá.

# Pai Nosso Umbandista

Pai nosso que estás nos céus, nas matas, nos mares e em todos os mundos habitados.

Santificado seja o teu nome, pelos teus filhos, pela natureza, pelas águas, pela luz e pelo ar que respiramos.

Que o teu reino, reino do bem, do amor e da fraternidade, nos una a todos e a tudo que criaste, em torno da sagrada cruz, aos pés do Divino Salvador e Redentor.

Que a tua vontade nos conduza sempre para o culto do Amor e da Caridade.

Dá-nos hoje e sempre a vontade firme para sermos virtuosos e úteis aos nossos semelhantes.

Dá-nos hoje o pão do corpo, o fruto das matas e a água das fontes para o nosso sustento material e espiritual.

Perdoa, se merecermos, as nossas faltas e dá-nos o sublime sentimento do perdão para os que nos ofendem.

Não nos deixes sucumbir, ante a luta, dissabores, ingratidões, tentações dos maus espíritos e ilusões pecaminosas da matéria.

Envia, Pai, um raio de tua Divina complacência, Luz e Misericórdia para os teus filhos pecadores que aqui habitam, pelo bem da humanidade.

Que assim seja, em nome de Olorum, Oxalá e de todos os mensageiros da Luz Divina.

# Credo Umbandista

Creio em Deus, onipotente e supremo.

Creio nos Orixás e nos Espíritos Divinos que nos trouxeram para a vida por vontade de Deus. Creio nas falanges espirituais, orientando os homens na vida terrena.

Creio na reencarnação das almas e na justiça divina, segundo a lei do retorno.

Creio na comunicação dos Guias Espirituais, encaminhando-nos para a caridade e para a prática do bem.

Creio na invocação, na prece e na oferenda, como atos de fé e creio na Umbanda, como religião redentora, capaz de nos levar pelo caminho da evolução até o nosso Pai Oxalá.

# Salmo 23 na Umbanda

Oxalá é meu Pastor, nada me faltará.
Deitar-me faz nos verdes campos de Oxóssi.
Guia-me, Pai Ogum, mansamente nas águas tranquilas de Mãe Nanã Buruquê.
Refrigera minha alma meu Pai Obaluaê.
Guia-me, Mãe Iansã, pelas veredas da Justiça de Xangô.
Ainda que andasse pelo Vale das Sombras e da Morte de meu Pai Omulu, eu não temeria mal algum, porque Zambi está sempre comigo.
A tua vara e o teu cajado são meus guias na direita e na esquerda.
Consola-me, Mamãe Oxum.
Prepara uma mesa cheia de Vida perante mim, minha Mãe Iemanjá.
Exu e Pombagira, vos oferendo na presença de meus inimigos.
Unge a minha coroa com o óleo consagrado a Olorum, e o meu cálice, que é meu coração, transborda.
E certamente a bondade e a misericórdia de Oxalá estarão comigo por todos os dias.
E eu habitarei na casa dos Orixás, que é Aruanda, por longos dias!
Que assim seja!

SARAVÁ!

# Introdução

Falar sobre Orixá nunca é fácil, pois o Orixá é sentido e vivido em inúmeras nuanças no cotidiano. Por esse motivo, tenho publicado livros e artigos e produzido DVDs sobre a temática dos Orixás não apenas com os instrumentos do pesquisador, mas, sobretudo, com o apoio da Espiritualidade, por meio de tantos Amigos visíveis e invisíveis. O objetivo nunca é dar a palavra final – pelo contrário, é direcionar o diálogo para sua amplitude e profundidade.

Escrever sobre Xangô é mergulhar na força e na firmeza de nossa ancestralidade, bem como trazer à luz, por meio do raio e do crepitar do fogo, as raízes da fé do Povo de Santo. Em termos de registro da tradição, da resistência, do sincretismo, do diálogo e da (auto)afirmação, muitos são os autores que produziram obras preciosas, em especial Ildásio Tavares, Reginaldo Prandi e Nei Lopes, presentes na bibliografia deste trabalho.

Vários Guias Espirituais, dentre eles o Caboclo Pena Branca, sempre ensinam que não se deve pedir a Xangô justiça, e sim firmeza, pois não se conhece a abrangência e a completude da justiça. Geralmente, por exemplo, nos sentimos ofendidos, mas não levamos em conta que também ofendemos. Ademais, é bom sempre lembrar, justiça não é sinônimo de vingança.

Agradeço a Xangô, Orixá patrono dos escritores (Kaô Cabecile, meu Pai!); ao Caboclo Pena Branca, que me mostra o caminho, à Babá Paula, à Mãe Pequena e minha "Madlinha" Vânia, que me ajudam a trilhá-lo; à Babá e também minha Madrinha Marissol Nascimento, presidente da Federação de Umbanda e Candomblé Mãe Senhora Aparecida, pela confiança e pelo amor; a todos os irmãos da Tenda de Umbanda Caboclo Pena Branca e Mãe Nossa Senhora Aparecida, casa da qual sou filho; a Iya Senzaruban, dirigente do Ilê Iya Tunde, casa por onde passei, há alguns anos; a Sávio Gonçalves, irmão de Mucuiú, irmão de Saravá; à Mara Tozatto e Karina Andrade, amigas da Rádio Mundo Aruanda; a meus pais Ademir e Laís; a minha irmã Arianna; à querida Tia Nair Barbosa, dirigente espiritual do antigo Terreiro Caboclo Sete Flechas (Rua Almirante Barroso), de Piracicaba, aonde eu ia pequenininho (A primeira vez que vi o mar foi numa festa de Iemanjá, com o povo dessa casa.) e à querida amiga Norma Cardins, uma das responsáveis pela criação do Memorial de Mãe Menininha, no Gantois, e uma de minhas cicerones pelas ruas de Salvador (BA) em muitas de minhas passagens e estadas naquela que é uma de minhas cidades no mundo.

Dedico este livro a todo elenco, à equipe técnica e aos responsáveis pela trilha do curta-metragem "Xangô" (Bom Olhado Produções, 2013).

"Quantos lírios já plantei no meu jardim/cada pedra atirada é um lírio pra mim."

Axé!

*Ademir Barbosa Júnior*
(Dermes)

"A paz que eu carrego é de pedra/ e a fé meu pedaço do reino do meu glorioso Orixá."

(Roberto Ribeiro)

# Orixá

A fim de não estender muito o possível debate dialógico, este capítulo procurará apresentar uma visão geral dos Orixás sem alongar-se nas diferenças de conceitos entre Candomblé e Umbanda.

Etimologicamente e em tradução livre, Orixá significa "a divindade que habita a cabeça" (Em iorubá, "ori" é cabeça, enquanto "xá", rei, divindade.), e é associado comumente ao diversificado panteão africano, trazido à América pelos negros escravos. A Umbanda Esotérica, por sua vez, reconhece no vocábulo Orixá a corruptela de "Purushá", significando "Luz do Senhor" ou "Mensageiro do Senhor".

Cada Orixá relaciona-se a pontos específicos da natureza, os quais são também pontos de força de sua atuação. O mesmo vale para os chamados quatro elementos: fogo, terra, ar e água.

Portanto, os Orixás são agentes divinos, verdadeiros ministros da Divindade Suprema (Deus, Princípio Primeiro, Causa Primeira etc.), presentes nas mais diversas culturas e tradições espirituais/religiosas, com nomes e cultos diversos, como os Devas indianos.

Visto que o ser humano e seu corpo estão em estreita relação com o ambiente (O corpo humano em funcionamento contém em si água, ar, componentes associados a terra, além de calor, relacionado ao fogo.), seu Orixá pessoal tratará de cuidar para que essa relação seja a mais equilibrada possível.

Tal Orixá, Pai ou Mãe de Cabeça, é conhecido comumente como Eledá e será responsável pelas características físicas, emocionais, espirituais etc. de seu filho, de modo a espelhar nele os arquétipos de suas características, encontrados nos mais diversos mitos e lendas dos Orixás. Auxiliarão o Eledá nessa tarefa outros Orixás, conhecidos como Juntós, ou Adjuntós, conforme a ordem de influência, e ainda outros.

Na chamada "coroa de um médium de Umbanda" ainda aparecem os Guias e as Entidades, em trama e enredo bastante diversificados. Embora, por exemplo, geralmente se apresente para cada médium um Preto-Velho, há outros que o auxiliam, e esse mesmo Preto-Velho poderá, por razões diversas, dentre elas missão cumprida, deixar seu médium e partir para outras missões, inclusive em outros planos.

De modo geral, a Umbanda não considera os Orixás que descem ao terreiro como energias e/ou forças supremas desprovidas de inteligência e individualidade.

Para os africanos, e tal conceito reverbera fortemente no Candomblé, Orixás são ancestrais divinizados, que incorporam conforme a ancestralidade, as afinidades e a coroa de cada médium.

No Brasil, teriam sido confundidos com os chamados Imolês, isto é, Divindades Criadoras, acima das quais aparece um único Deus: Olorum ou Zâmbi.

Na linguagem e concepção umbandistas, portanto, quem incorpora numa gira de Umbanda não são os Orixás propriamente ditos, mas seus falangeiros, em nome dos próprios

Orixás. Tal concepção está de acordo com o conceito de ancestral (espírito) divinizado (e/ou evoluído) vivenciado pelos africanos que para cá foram trazidos como escravos.

Mesmo que essa visão não seja consensual (Há quem defenda que tais Orixás já encarnaram, enquanto outros segmentos umbandistas – a maioria, diga-se de passagem – rejeitam esse conceito.), ao menos se admite no meio umbandista que o Orixá que incorpora possui um grau adequado de adaptação à energia dos encarnados, o que seria incompatível para os Orixás hierarquicamente superiores.

Na pesquisa feita por Miriam de Oxalá a respeito da ancestralidade e da divinização de ancestrais, aparece, dentre outras fontes, a célebre pesquisadora Olga Guidolle Cacciatore, para quem,

> *[...] os Orixás são intermediários entre Olórun, ou melhor, entre seu representante (e filho) Oxalá e os homens. Muitos deles são antigos reis, rainhas ou heróis divinizados, os quais representam as vibrações das forças elementares da Natureza – raios, trovões, ventos, tempestades, água, fenômenos naturais como o arco-íris, atividades econômicas primordiais do homem primitivo – caça, agricultura – ou minerais, como o ferro que tanto serviu a essas atividades de sobrevivência, assim como às de extermínio na guerra. [...]*

Entretanto, e como o tema está sempre aberto ao diálogo, à pesquisa, ao registro de impressões, conforme observa o médium umbandista e escritor Norberto Peixoto, é possível incorporar a forma-pensamento de um Orixá, a qual é plasmada e mantida pelas mentes dos encarnados. Em suas palavras,

*[...] era dia de sessão de preto(a) velho(a). Estávamos na abertura dos trabalhos, na hora da defumação. O congá 'repentinamente' ficou vibrado com o orixá Nanã, que é considerado a mãe maior dos orixás e o seu axé (força) é um dos sustentadores da egrégora da Casa desde a sua fundação, formando par com Oxóssi. Faltavam poucos dias para o amaci (ritual de lavagem da cabeça com ervas maceradas), que tem por finalidade fortalecer a ligação dos médiuns com os orixás regentes e guias espirituais. Pedi um ponto cantado de Nanã Buruquê, antes dos cânticos habituais. Fiquei envolvido com uma energia lenta, mas firme. Fui transportado mentalmente para a beira de um lago lindíssimo e o orixá Nanã me 'ocupou', como se entrasse em meu corpo astral ou se interpenetrasse com ele, havendo uma incorporação total. (...) Vou explicar com sinceridade e sem nenhuma comparação, como tanto vemos por aí, como se a manifestação de um ou outro (dos espíritos na umbanda versus dos orixás em outros cultos) fosse mais ou menos superior, conforme o pertencimento de quem os compara a uma ou outra religião. A 'entidade' parecia um 'robô', um autômato sem pensamento contínuo, levado pelo som e pelos gestos. Sem dúvida, houve uma intensa movimentação de energia benfeitora, mas durante a manifestação do orixá minha cabeça ficou mentalmente vazia, como se nenhuma outra mente ocupasse o corpo energético do orixá que dançava, o que acabei sabendo depois tratar-se de uma forma-pensamento plasmada e mantida 'viva' pelas mentes dos encarnados.*

No cotidiano dos terreiros, por vezes o vocábulo Orixá é utilizado também para Guias. Nessas casas, por exemplo,

30

é comum ouvir alguém dizer antes de uma gira de Pretos-Velhos: "Precisamos preparar mais banquinhos, pois hoje temos muitos médiuns e, portanto, aumentará o número de Orixás em Terra.".

Na compreensão das relações entre os Orixás, as leituras são múltiplas: há, por exemplo, quem considere Inlé e Ibualama Orixás independentes, enquanto outros os associam como qualidades de Oxóssi. Algo semelhante ocorre, dentre outros, com Airá, ora visto como qualidade de Xangô, ora como Orixá a ele associado, e com Aroni, a serviço de Ossaim, ou seu mentor, ou o próprio Ossaim.

Com características muito semelhantes, na tradição Angola cada Orixá é chamado de Inquice. No Candomblé Jeje, Vodum.

Em África eram conhecidos e cultuados centenas de Orixás.

# Candomblé

Candomblé é um nome genérico que agrupa o culto aos Orixás jeje-nagô, bem como outras formas que dele derivam ou com eles se interpenetram, as quais se espraiam em diversas nações.

Trata-se de uma religião constituída, com teologia e rituais próprios, que cultua um poder supremo, cujos poder e alcance se fazem espiritualmente mais visíveis por meio dos Orixás.

Sua base é formada por diversas tradições religiosas africanas, destacando-se as da região do Golfo da Guiné, desenvolvendo-se no Brasil a partir da Bahia.

O Candomblé não faz proselitismo e valoriza a ancestralidade, tanto por razões históricas (antepassados africanos) quanto espirituais – filiação aos Orixás, cujas características se fazem conhecer por seus mitos e por antepassados históricos ou semi-históricos divinizados.

Embora ainda discriminado pelo senso comum e atacado por diversas denominações religiosas que o associam à chamada baixa magia, o Candomblé tem cada vez mais reconhecida sua influência em diversos setores da vida social brasileira, dentre outros, a música (percussão, toques, base musical etc.), a culinária (Pratos da cozinha-de-santo que migraram para restaurantes e para as mesas das famílias brasileiras.) e a medicina popular (Fitoterapia e outros).

O Candomblé não existia em África tal qual o conhecemos, uma vez que naquele continente o culto aos Orixás era segmentado por regiões (Cada região e, portanto, famílias/clãs cultuavam determinado Orixá ou apenas alguns.).

No Brasil, os Orixás tiveram seus cultos reunidos em terreiros, com variações, evidentemente, assim como com interpenetrações teológicas e litúrgicas das diversas nações.

Embora haja farta bibliografia a respeito do Candomblé, e muitas de suas festas sejam públicas e abertas a não iniciados, trata-se de uma religião iniciática, com ensino-aprendizagem pautado pela oralidade, com conteúdo exotérico (de domínio público) e esotérico (Segredos os mais diversos transmitidos apenas aos iniciados.).

Conforme sintetiza Vivaldo da Costa Lima,

> [...] a filiação nos grupos de candomblé é, a rigor, voluntária, mas nem por isso deixa de obedecer aos padrões mais ou menos institucionalizados das formas de apelo que determinam a decisão das pessoas de ingressarem, formalmente num terreiro de candomblé, através dos ritos de iniciação. Essas formas de chamamento religioso se enquadram no universo mental das classes e estratos de classes de que provêm a maioria dos adeptos do candomblé, e são, geralmente, interpretações de sinais que emergem dos sistemas simbólicos culturalmente postulados. Sendo um sistema religioso – portanto uma forma de relação expressiva e unilateral com o mundo sobrenatural – o candomblé, como qualquer outra religião iniciática, provê a circunstância

*em que o crente poderá, satisfazendo suas emoções e suas outras necessidades existenciais, situar-se plenamente num grupo socialmente reconhecido e aceito, que lhe garantirá status e segurança – que esta parece ser uma das funções principais dos grupos de candomblé – dar a seus participantes um sentido para a vida e um sentimento de segurança e proteção contra 'os sofrimentos de um mundo incerto'.*

## Formação

O Culto aos Orixás, pelos africanos no Brasil, tem uma longa história de resistência e sincretismo, que, impedidos de cultuar os Orixás, valiam-se de imagens e referências católicas para manter viva a sua fé.

Por sua vez, a combinação de cultos que deu origem ao Candomblé, deveu-se ao fato de serem agregados numa mesma propriedade (E, portanto, na mesma senzala.) escravos provenientes de diversas nações, com línguas e costumes diferentes – certamente uma estratégia dos senhores brancos para evitar revoltas, além de uma tentativa de fomentar rivalidades entre os próprios africanos. Vale lembrar que em África o culto aos Orixás era segmentado por regiões: cada região cultuava determinado Orixá ou apenas alguns.

Em 1830, algumas mulheres originárias de Ketu, na Nigéria, filiadas à irmandade de Nossa Senhora da Boa Morte, reuniram-se para estabelecer uma forma de culto que preservasse as tradições africanas em solo brasileiro. Reza a tradição e documentos históricos que tal reunião aconteceu na antiga Ladeira do Bercô (Hoje, Rua Visconde de Itaparica.), nas proximidades da Igreja da Barroquinha, em Salvador (BA). Nesse grupo, e com o auxílio do africano Baba-Asiká, destacou-se Íyànàssó Kalá ou Oká (Iya Nassô). Seu òrúnkó no Orixá (nome iniciático) era Íyàmagbó-Olódùmarè.

Para conseguir seu intento, essas mulheres buscaram fundir aspectos diversos de mitologias e liturgias, por exemplo. Uma vez distantes da África, a Ìyá ìlú àiyé èmí (Mãe Pátria Terra da Vida), teriam de adaptar-se ao contexto local, não cultuando necessariamente apenas Orixás locais (Caraterísticos de tribos, cidades e famílias específicas.) em espaços amplos, como a floresta, cenário de muitas iniciações, porém num espaço previamente estabelecido: a casa de culto. Nessa reprodução em miniatura da África, os Orixás seriam cultuados em conjunto. Nascia o Candomblé.

Ao mesmo tempo em que designava as reuniões feitas por escravos com o intuito de louvar os Orixás, a palavra Candomblé também era empregada para toda e qualquer reunião ou festa organizada pelos negros no Brasil. Por essa razão, antigos Babás e Iyas evitavam chamar o culto aos Orixás de Candomblé.

Em linhas gerais, Candomblé seria uma corruptela de "candonbé" (Atabaque tocado pelos negros de Angola.) ou viria de "candonbidé" (Louvar ou pedir por alguém ou por algo.).

Cada grupo com características próprias teológicas, linguísticas e de culto, embora muitas vezes se interpenetrem, ficou conhecido como nação:

- Nação Ketu;
- Nação Angola;
- Nação Jeje;

- Nação Nagô;
- Nação Congo;
- Nação Muxicongo;
- Nação Efon.

Constituída por grupos que falavam iorubá, dentre eles os de Oyó, Abeokutá, Ijexá, Ebá e Benim, a Nação Ketu também é conhecida como Alaketu.

Os iorubás, guerreando com os jejes, em África, perderam e foram escravizados, vindo mais adiante para o Brasil. Maltratados, foram chamados pelos fons de ànagô (Dentre várias acepções, piolhentos, sujos.). O termo, com o tempo, modificou-se para nàgó e foi incorporado pelos próprios iorubás como marca de origem e de forma de culto. Em sentido estrito, não há uma nação política chamada nagô.

Em linhas gerais, os Candomblés dos estados da Bahia e do Rio de Janeiro ficaram conhecidos como de Nação Ketu, com raízes iorubanas. Entretanto, existem variações em cada nação. No caso do Ketu, por exemplo, destacam-se a Nação Efan e a Nação Ijexá. Efan é uma cidade da região de Ijexá, nas proximidades de Oxogbô e do rio Oxum, na Nigéria. A Nação Ijexá é conhecida pela posição de destaque que nela possui o Orixá Oxum, sua rainha.

No caso do Candomblé Jeje, por exemplo, uma variação é o Jeje Mahin, sendo Mahin uma tribo que havia nas proximidades da cidade de Ketu. Quanto às Nações Angola e Congo, seus Candomblés se desenvolveram a partir dos cultos de escravos provenientes dessas regiões africanas.

De fato, a variação e o cruzamento de elementos de Nações não são estanques, como demonstram o Candomblé

Nagô-Vodum, o qual sintetiza costumes iorubás e jeje, e o Alaketu, de nação iorubá, também da região de Ketu, tendo como ancestrais da casa Otampé, Ojaró e Odé Akobí.

## Primeiros terreiros

A primeira organização de culto aos Orixás foi a da Barroquinha (Salvador/BA), em 1830, semente do Ilê Axé Iya Nassô Oká, uma vez que foi capitaneada pela própria Iya Nassô, filha de uma escrava liberta que retornou à África.

Posteriormente, foi transferida para o Engenho Velho, onde ficou conhecida como Casa Branca ou Engenho Velho. Ainda no século XIX, dela originou-se o Candomblé do Gantois e, mais adiante, o Ilê Axé Opô Afonjá.

Entre 1797 e 1818, Nan Agotimé, rainha-mãe de Abomé, teria trazido o culto dos Voduns jejes para a Bahia, levando-os a seguir para São Luís (MA). Traços da presença daomeana teriam permanecido no Bogum, antigo terreiro jeje de Salvador, o qual ostenta, ainda, o vocábulo "malê", bastante curioso, uma vez que o termo refere-se ao negro do Islã. Antes mesmo do Bogum, há registros de um terreiro jeje, em 1829, no bairro hoje conhecido como Acupe de Brotas.

Tumbensi é a casa de Angola considerada a mais antiga da Bahia, fundada por Roberto Barros Reis (dijina: Tata Kimbanda Kinunga) por volta de 1850, escravo angolano de propriedade da família Barros Reis, que lhe emprestou o nome pelo qual era conhecido.

Após seu falecimento, a casa (inzo) passou à liderança de Maria Genoveva do Bonfim, mais conhecida como Maria

Neném (dijina: Mam´etu Tuenda UnZambi) gaúcha, filha de Kavungo, considerada a mais importante sacerdotisa do Candomblé Angola. Ela assumiu a chefia da casa por volta dos anos 1909, vindo a falecer em 1945.

Já o Tumba Junçara foi fundado, em 1919 em Acupe, na Rua Campo Grande, Santo Amaro da Purificação (BA) por dois irmãos de esteira: Manoel Rodrigues do Nascimento (dijina: Kambambe) e Manoel Ciríaco de Jesus (dijina: Ludyamungongo), ambos iniciados em 13 de junho de 1910 por Mam'etu Tuenda UnZambi, Mam'etu Riá N'Kisi do Tumbensi.

Kambambe e Ludyamungongo tiveram Sinhá Badá como Mãe Pequena e Tio Joaquim como Pai Pequeno. O Tumba Junçara foi transferido para Pitanga, também em Santo Amaro da Purificação, e posteriormente para o Beiru.

A seguir foi novamente transferido para a Ladeira do Pepino, 70, e finalmente para Ladeira da Vila América, 2, Travessa 30, Avenida Vasco da Gama (Que hoje se chama Vila Colombina.), 30, em Vasco da Gama, Salvador (BA). E assim a raiz foi-se espalhando.

O histórico das primeiras casas de Candomblé e outras formas de culto marginalizadas pelo poder constituído (Estado, classes economicamente dominantes, Igreja etc.), como a Umbanda no século XX, assemelha-se pela resistência à repressão institucionalizada e ao preconceito.

# Umbanda

Em linhas gerais, etimologicamente, Umbanda é vocábulo que decorre do Umbundo e do Quimbundo, línguas africanas, com o significado de "arte de curandeiro", "ciência médica", "medicina". O termo passou a designar, genericamente, o sistema religioso que, dentre outros aspectos, assimilou elementos religiosos afro-brasileiros ao espiritismo urbano (Kardecismo).[1]

Quanto ao sentido espiritual e esotérico, Umbanda significa "luz divina" ou "conjunto das leis divinas". A magia branca praticada pela Umbanda remontaria, assim, a outras eras do planeta, sendo denominada pela palavra sagrada Aumpiram, transformada em Aumpram e, finalmente, Umbanda.

De qualquer maneira, houve quem tivesse anotado, durante a incorporação do Caboclo das Sete Encruzilhadas anunciando o nome da nova religião, o nome "Allabanda", substituído por "Aumbanda", em sânscrito, "Deus ao nosso lado." ou "O lado de Deus.".

A Umbanda, assim como o Candomblé, é religião, e não seita. "Seita" geralmente refere-se pejorativamente a grupos

---

1. Embora não seja consenso o uso do termo "Kardecismo" como sinônimo de "Espiritismo", ele é aqui empregado por ser mais facilmente compreendido.

de pessoas com práticas espirituais que destoam das ortodoxas. A Umbanda é uma religião constituída, com fundamentos, teologia própria, hierarquia, sacerdotes e sacramentos. Suas sessões são gratuitas, voltadas ao atendimento holístico (corpo, mente, espírito) e à prática da caridade (fraterna, espiritual, material), sem proselitismo. Em sua liturgia e em seus trabalhos espirituais vale-se do uso dos quatro elementos básicos: fogo, terra, ar e água.

É muito interessante fazer o estudo comparativo da utilização dos elementos, tanto por encarnados como pela Espiritualidade, na Umbanda, no Candomblé, no Xamanismo, na Wicca, no Espiritismo (Vide obra de André Luiz.), na Liturgia Católica (Leia-se o trabalho de Geoffrey Hodson, sacerdote católico liberal.) etc.

Este é um breve histórico do nascimento oficial da Umbanda, embora, antes da manifestação do Caboclo das Sete Encruzilhadas e do trabalho de Zélio Fernandino, houvesse atividades religiosas semelhantes ou próximas, no que se convencionou chamar de macumba[2].

No Astral, a Umbanda antecipa-se em muito ao ano de 1908 e diversos segmentos localizam sua origem terrena em civilizações e continentes que já desapareceram.

Zélio Fernandino de Moraes, um rapaz de 17 anos que se preparava para ingressar na Marinha, em 1908 começou a ter aquilo que a família, residente em Neves, no Rio de Janeiro, considerava ataques. Os supostos ataques colocavam o rapaz na postura de um velho, que parecia ter vivido em outra época e dizia coisas incompreensíveis para os familiares;

---

2. O termo aqui não possui obviamente conotação negativa.

noutros momentos, Zélio parecia uma espécie de felino que demonstrava conhecer bem a natureza.

Após minucioso exame, o médico da família aconselhou que fosse ele atendido por um padre, uma vez que considerava o rapaz possuído. Um familiar achou melhor levá-lo a um centro espírita, o que realmente aconteceu: no dia 15 de novembro, Zélio foi convidado a tomar assento à mesa da sessão da Federação Espírita de Niterói, presidida à época por José de Souza.

Tomado por força alheia à sua vontade e infringindo o regulamento que proibia qualquer membro de ausentar-se da mesa, Zélio levantou-se e declarou: "Aqui está faltando uma flor.".

Deixou a sala, foi até o jardim e voltou com uma flor, que colocou no centro da mesa, o que provocou alvoroço. Na sequência dos trabalhos, manifestaram-se nos médiuns espíritos apresentando-se como negros escravos e índios.

O diretor dos trabalhos, então, alertou os espíritos sobre seu atraso espiritual, como se pensava comumente à época, e convidou-os a se retirarem. Novamente uma força tomou Zélio e advertiu: "Por que repelem a presença desses espíritos, se sequer se dignaram a ouvir suas mensagens? Será por causa de suas origens sociais e da cor?".

Durante o debate que se seguiu, procurou-se doutrinar o espírito, que demonstrava argumentação segura e sobriedade. Um médium vidente, então, lhe perguntou: "Por que o irmão fala nestes termos, pretendendo que a direção aceite a manifestação de espíritos que, pelo grau de cultura que tiveram, quando encarnados, são claramente atrasados? Por que fala deste modo, se estou vendo que me dirijo neste momento a um jesuíta e a sua veste branca reflete uma aura de luz? E qual o seu nome, irmão?".

Ao que o interpelado respondeu: "Se querem um nome, que seja este: sou o Caboclo das Sete Encruzilhadas, porque para mim, não haverá caminhos fechados. O que você vê em mim, são restos de uma existência anterior. Fui padre e o meu nome era Gabriel Malagrida. Acusado de bruxaria, fui sacrificado na fogueira da Inquisição em Lisboa, no ano de 1761. Mas em minha última existência física, Deus concedeu-me o privilégio de nascer como caboclo brasileiro.".

A respeito da missão que trazia da Espiritualidade, anunciou: "Se julgam atrasados os espíritos de pretos e índios, devo dizer que amanhã estarei na casa de meu aparelho, às 20 horas, para dar início a um culto em que estes irmãos poderão dar suas mensagens e, assim, cumprir a missão que o Plano Espiritual lhes confiou. Será uma religião que falará aos humildes, simbolizando a igualdade que deve existir entre todos os irmãos, encarnados e desencarnados.".

Com ironia, o médium vidente perguntou-lhe: "Julga o irmão que alguém irá assistir a seu culto?".

O Caboclo das Sete Encruzilhadas lhe respondeu: "Cada colina de Niterói atuará como porta-voz, anunciando o culto que amanhã iniciarei.". E concluiu: "Deus, em sua infinita Bondade, estabeleceu que na morte, a grande niveladora universal, rico ou pobre, poderoso ou humilde, todos se tornariam iguais, mas vocês, homens preconceituosos, não contentes em estabelecer diferenças entre os vivos, procuram levar essas mesmas diferenças até mesmo além da barreira da morte. Por que não podem nos visitar esses humildes trabalhadores do espaço, se apesar de não haverem sido pessoas socialmente importantes na Terra, também trazem importantes mensagens do além?".

No dia seguinte, 16 de novembro, na casa da família de Zélio, à rua Floriano Peixoto, 30, perto das 20 horas, estavam os parentes mais próximos, amigos, vizinhos, membros da Federação Espírita e, fora da casa, uma multidão.

Às 20 horas manifestou-se o Caboclo das Sete Encruzilhadas e declarou o início do novo culto, no qual os espíritos de velhos escravos, que não encontravam campo de atuação em outros cultos africanistas, bem como de indígenas nativos do Brasil trabalhariam em prol dos irmãos encarnados, independentemente de cor, raça, condição social e credo.

No novo culto, encarnados e desencarnados atuariam motivados por princípios evangélicos e pela prática da caridade.

O Caboclo das Sete Encruzilhadas também estabeleceu as normas do novo culto: as sessões seriam das 20 horas às 22 horas, com atendimento gratuito e os participantes uniformizados de branco. Quanto ao nome, seria Umbanda: Manifestação do Espírito para a Caridade.

A casa que se fundava teria o nome de Nossa Senhora da Piedade, inspirada em Maria, que recebeu os filhos nos braços. Assim, a casa receberia todo aquele que necessitasse de ajuda e conforto. Após ditar as normas, o Caboclo respondeu a perguntas em latim e alemão formuladas por sacerdotes ali presentes. Iniciaram-se, então, os atendimentos, com diversas curas, inclusive a de um paralítico.

No mesmo dia, manifestou-se em Zélio um Preto-Velho chamado Pai Antônio, o mesmo que havia sido considerado efeito da suposta loucura do médium.

Com humildade e aparente timidez, recusava-se a sentar-se à mesa, com os presentes, argumentando: "Nêgo num senta não, meu sinhô, nêgo fica aqui mesmo. Isso é coisa de sinhô branco e nêgo deve arrespeitá.". Após insistência dos presentes, respondeu: "Num carece preocupá, não. Nêgo fica no toco, que é lugá de nêgo.".[3]

Continuou com palavras de humildade, quando alguém lhe perguntou se sentia falta de algo que havia deixado na Terra, ao que ele respondeu: "Minha cachimba. Nêgo qué o pito que deixou no toco. Manda mureque buscá.".

Solicitava, assim, pela primeira vez, um dos instrumentos de trabalho da nova religião. Também foi o primeiro a solicitar uma guia, até hoje usada pelos membros da Tenda, conhecida carinhosamente como Guia de Pai Antônio.

No dia seguinte, houve verdadeira romaria à casa da família de Zélio. Enfermos encontravam a cura, todos se sentiam confortados, médiuns até então considerados loucos encontravam terreno para desenvolver os dons mediúnicos.

O Caboclo das Sete Encruzilhadas dedicou-se, então, a esclarecer e divulgar a Umbanda, auxiliado diretamente por Pai Antônio e pelo Caboclo Orixá Malê, experiente na anulação de trabalhos de baixa magia.

No ano de 1918, o Caboclo das Sete Encruzilhadas recebeu ordens da Espiritualidade para fundar sete tendas, assim denominadas: Tenda Espírita Nossa Senhora da Guia, Tenda Espírita Nossa Senhora da Conceição, Tenda Espírita Santa Bárbara, Tenda Espírita São Pedro, Tenda Espírita Oxalá,

---

3. Certamente trata-se de um convite à humildade, e não de submissão e dominação racial.

Tenda Espírita São Jorge e Tenda Espírita São Jerônimo. Durante a encarnação de Zélio, a partir dessas primeiras tendas, foram fundadas outras 10 mil.

Mesmo não seguindo a carreira militar, pois o exercício da mediunidade não lhe permitira, Zélio nunca fez da missão espiritual uma profissão. Pelo contrário, chegava a contribuir financeiramente, com parte do salário, para as tendas fundadas pelo Caboclo das Sete Encruzilhadas, além de auxiliar os que se albergavam em sua casa. Também por conselho do Caboclo, não aceitava cheques e presentes.

Por determinação do Caboclo, a ritualística era simples: cânticos baixos e harmoniosos, sem palmas ou atabaques, sem adereços para a vestimenta branca e, sobretudo, sem corte (sacrifício de animais). A preparação do médium pautava-se pelo conhecimento da doutrina, com base no Evangelho, banhos de ervas, amacis e concentração nos pontos da natureza.

Com o tempo e a diversidade ritualística, outros elementos foram incorporados ao culto, no que tange ao toque, canto e palmas, às vestimentas e mesmo a casos de sacerdotes umbandistas que passaram a dedicar-se integralmente ao culto, cobrando, por exemplo, pelo jogo de búzios onde o mesmo é praticado, porém sem nunca deixar de atender àqueles que não podem pagar pelas consultas.

Mas as sessões permanecem públicas e gratuitas, pautadas pela caridade, pela doação dos médiuns. Algumas casas, por influência dos Cultos de Nação, praticam o corte, contudo essa é uma das maiores diferenças entre a Umbanda dita tradicional e as casas que se utilizam de tal prática.

Depois de 55 anos à frente da Tenda Nossa Senhora da Piedade, Zélio passou a direção para as filhas Zélia e Zilméa, continuando, porém, a trabalhar juntamente com sua esposa, Isabel (médium do Caboclo Roxo), na Cabana de Pai Antônio, em Boca do Mato, em Cachoeira de Macacu, no Rio de Janeiro.

Zélio Fernandino de Moraes faleceu no dia 03 de outubro de 1975, após 66 anos dedicados à Umbanda, que muito lhe agradece.

Embora chamada popularmente de religião de matriz africana, na realidade, a Umbanda é um sistema religioso formado de diversas matrizes, com diversos elementos cada:

| Matrizes | Elementos mais conhecidos |
|---|---|
| Africanismo | Culto aos Orixás, trazidos pelos negros escravos, em sua complexidade cultural, espiritual, medicinal, ecológica etc. e culto aos Pretos-Velhos. |
| Cristianismo | Uso de imagens, orações e símbolos católicos. A despeito de existir uma Teologia de Umbanda, própria e característica, algumas casas vão além do sincretismo, utilizando-se mesmo de dogmas católicos.[4] |
| Indianismo | Pajelança; emprego da sabedoria indígena ancestral em seus aspectos culturais, espirituais, medicinais, ecológicos etc.; culto aos caboclos indígenas ou de pena. |

---

4. Há, por exemplo, casas de Umbanda com fundamentos teológicos próprios, enquanto outras rezam o terço com os mistérios baseados nos dogmas católicos e/ou se utilizam do Credo Católico, onde se afirma a fé na Igreja Católica (Conforme indicam Guias, Entidades e a própria etimologia, leia-se "católica" como "universal", isto é, a grande família humana.), na Comunhão dos Santos, na ressurreição da carne, dentre outros tópicos da fé católica. Isso em nada invalida a fé, o trabalho dos Orixás, das Entidades, das Egrégoras de Luz formadas pelo espírito, e não pela letra da recitação amorosa e com fé do Credo Católico.

| Matrizes | Elementos mais conhecidos |
|---|---|
| Kardecismo | Estudo dos livros da Doutrina Espírita, bem como de sua vasta bibliografia; manifestação de determinados espíritos e suas Egrégoras, mais conhecidas no meio Espírita, como os médicos André Luiz e Bezerra de Menezes. Utilização de imagens e bustos de Allan Kardec, Bezerra de Menezes e outros; estudo sistemático da mediunidade; palestras públicas. |
| Orientalismo | Estudo, compreensão e aplicação de conceitos como prana, chacra e outros; culto à Linha Cigana – que em muitas casas vem, ainda, em linha independente, dissociada da chamada Linha do Oriente. |

Por seu caráter ecumênico, de flexibilidade doutrinária e ritualística, a Umbanda é capaz de reunir elementos os mais diversos, como os sistematizados.

Mais adiante, ao se tratar das Linhas da Umbanda, veremos que esse movimento agregador é incessante: como a Umbanda permanece de portas abertas aos encarnados e aos espíritos das mais diversas origens étnicas e evolutivas, irmãos de várias religiões chegam aos seus templos em busca de saúde, paz e conforto espiritual, bem como outras falanges espirituais juntam-se à sua organização.

### Aspectos da Teologia de Umbanda

| | |
|---|---|
| Monoteísmo | Crença num Deus único (Princípio Primeiro, Energia Primeira etc.), conhecido principalmente como Olorum (influência iorubá) ou Zâmbi (influência Angola). |

## Aspectos da Teologia de Umbanda

| | |
|---|---|
| Crença nos Orixás | Divindades/ministros de Deus, ligadas a elementos e pontos de força da natureza, orientadores dos Guias e das Entidades, bem como dos encarnados. |
| Crença nos Anjos | Enquanto figuras sagradas (e não divinas) são vistas ou como seres especiais criados por Deus (Influência do Catolicismo.), ou como espíritos bastante evoluídos (Influência do Espiritismo/Kardecismo.). |
| Crença em Jesus Cristo | Vindo na Linha de Oxalá e, por vezes, confundido com o próprio Orixá, Jesus é visto ou como Filho Único e Salvador (Influência do Catolicismo/do Cristianismo mais tradicional.), ou como o mais evoluído dos espíritos que encarnaram no planeta, do qual, aliás, é governador (Influência do Espiritismo/Kardecismo.). |
| Crença na ação dos espíritos | Os espíritos, com as mais diversas vibrações, agem no plano físico. A conexão com eles está atrelada à vibração de cada indivíduo, razão pela qual é necessário estar sempre atento ao "Orai e vigiai." preconizado por Jesus. |
| Crença nos Guias e nas Entidades | Responsáveis pela orientação dos médiuns, dos terreiros, dos consulentes e outros, sua atuação é bastante ampla. Ao auxiliarem a evolução dos encarnados, colaboram com a própria evolução. |
| Crença na reencarnação | As sucessivas vidas contribuem para o aprendizado, o equilíbrio e a evolução de cada espírito. |

### Aspectos da Teologia de Umbanda

| | |
|---|---|
| Crença na Lei de Ação e Reação | Tudo o que se planta, se colhe. A Lei de Ação e Reação é respaldada pelo princípio do livre-arbítrio. |
| Crença na mediunidade | Todos somos médiuns, com dons diversos (de incorporação, de firmeza, de intuição, de psicografia etc.). |

# Diversidade

Nas religiões de matriz africana há uma diversidade muito grande: do Candomblé para Umbanda; de casa da mesma religião para outra casa; de região para região; de qualidade de um Orixá para outra do mesmo Orixá etc.

Além disso, por razões históricas, culturais e de resistência e manutenção do culto, os adeptos precisaram (e precisam) se adaptar constantemente. Nem sempre, por exemplo, o que se fazia em África, ou na senzala, é feito, hoje, numa Casa de Santo.

Nada no culto aos Orixás é feito sem orientação direta da própria Espiritualidade ou dos dirigentes espirituais. Uma planta que serve para banho nem sempre serve para outra função. Existem as incompatibilidades e as particularidades de cada qualidade de Orixá. O nome de uma planta votiva pode mudar em outras regiões.

Enfim, as diversidades precisam ser respeitadas. Considerando-as como foco para a unidade; não se deve aventurar-se em qualquer prática sem a devida orientação, a fim de não haver choque energético. A sabedoria pressupõe humildade, diálogo e paciência.

Com diferenças de fundamentos, litúrgicas, culto e, consequentemente, na forma de se trabalhar as qualidades dos Orixás, Candomblé e Umbanda caminham juntos, lado a lado, como religiões irmãs. Ou assim deveria ser.

A fim de contribuir para o diálogo, vejam-se os textos seguintes.

### *Juntos somos mais fortes*

É fato que as Religiões de Matriz Africana são alvo de preconceito, discriminação e intolerância, em vários níveis, por grande parte da sociedade. Contudo, o que mais fere e enfraquece é a desunião entre irmãos.

Enquanto umbandistas pensarem e declararem "Eu não gosto do Candomblé!" ou "Se o pessoal do Candomblé for, eu não vou..."; enquanto candomblecistas acreditarem e afirmarem "A Umbanda é fraquinha..." ou "Essas umbandinhas que estão por aí...", dificilmente caminharemos juntos sob o manto branco de Oxalá.

Dias desses ouvi alguém dizendo a um irmão de outra casa: "Embora não seja a forma de sincretismo como o Orixá é tratado em nossa casa, gostaria de parabenizar etc...". Ora, como posso ir ao encontro de um irmão iniciando meu gesto com um "embora" ou um "apesar de"? Onde está o respeito à diversidade? Essa inconsciência me lembrou da fala de um amigo reverendo anglicano, que comentava o quanto é triste ver irmãos católicos romanos presentes em ordenações de reverendas anglicanas negando-se a participar da mesa da comunhão.

Aceitar e respeitar a diversidade não significa perder a identidade.

Umbandistas e candomblecistas, se vivenciarmos o respeito entre nós, o amor e o diálogo cidadão e legal (em todos os sentidos) certamente se propagarão em outras esferas.

Juntos, somos mais fortes.

## Sobre a expressão "Religiões de Matriz Africana"

Embora o mais comum seja referir-se hoje ao Candomblé, à Umbanda e a outras religiões similares como Religiões Tradicionais de Terreiro, ainda é bastante empregada a expressão Religiões de Matriz Africana, embora esta matriz não seja a única a constituir tais religiões.

Nesse sentido, é bastante esclarecedor o questionamento do professor Ildásio Tavares, em seu livro Xangô, da Editora Pallas (2008), no qual procura denominar as religiões de terreiro como jeje-nagôs-brasileiras, o que, pelo último termo, a meu ver, incluiria também a Nação Angola:

**Os nomes que não nomeiam**

Fala-se com muita segurança, empáfia (e até injúria) em religião negra, religião africana, religião afro-brasileira, ou culto, mais pejorativamente. Essa terminologia é facciosa, discriminatória, preconceituosa, redutiva e falsa. Auerbach dizia que os maus termos, em ciência, são mais danosos que as nuvens à navegação. Negro é um termo que toma por parâmetro uma cor de pele que nem sequer é negra. Que seria religião negra? Aquela praticada por negros, apenas, ou aquela criada por negros e praticada por brancos, negros mulatos ou alguém com algum dos 514 tipos de cor achados no Brasil por Herskovits? Religião negra é um termo evidentemente racista quer usado pelos brancos para discriminar e inferiorizar o negro, quer usado pelo negro para se autodiscriminar defensivamente com uma reserva de domínio rácico e cultural.

Africano é absurdamente generalizante, na medida em que subsume uma extraordinária pluralidade e diversidade cultural em um rótulo simplista e unívoco. Nelson Mandela é frequentemente mencionado como um líder africano. Jamais alguém chamaria Adolf Hitler de um líder europeu ou de um líder branco apesar de este ser um defensor da superioridade dos arianos que não são necessariamente brancos, vez que a maioria dos judeus é de brancos, assim como os poloneses; e Hitler os tinha como inferiores, perniciosos e queria eliminá-los da face da Terra. Este rótulo redutivo lembra-me o episódio de nosso grotesco e absurdo presidente Jânio Quadros chamando o intelectual sergipano Raimundo de Souza Dantas, para ser embaixador do Brasil na África por ele ser de pele escura. Quando o perplexo Raimundo replicou: "Excelência, a África é um continente! Como posso ser embaixador do Brasil em um continente?" O burlesco presidente respondeu: "Não importa, o senhor vai ser embaixador do Brasil na África.". E foi. Sediado em Gana.

Este é o típico exemplo de absurdo brasileiro, de seu surrealismo de hospício que muitos adotam como postura científica, para empulhar os tolos, os ingênuos e os incautos, armadilha perpetrada por canalhas para capturar os obtusos, diria Rudyard Kipling ao deixar o colonialismo para definir o Super Homem.

O rótulo afro-brasileiro também é falacioso. Aprendi no curso primário que o povo brasileiro está composto basicamente de três etnias: a dos índios, vermelha; a dos europeus, branca, e a dos africanos, preta. Por definição, portanto, brasileiro é a combinação de índio, africano e europeu, branco, vermelho e preto em proporções variáveis, é claro. Já se disse, jocosamente, que as árvores genealógicas no Brasil (em sua maioria ginecológicas, matrilineares) ou dão no matou ou na cozinha, ou dão em índio ou em negro, para satirizar a falsa, a ansiada brancura de nosso povo que nem a importação de italianos e alemães conseguiu satisfazer, muito pelo contrário, eles é que escureceram, ao menos culturalmente, assim como os amarelos, haja vista a presença de babalorixás na Liberdade, São Paulo, no Paraná e em Santa Catarina, para não falar de Escolas de Samba de olhos oblíquos.

Ora, se brasileiro já quer dizer parte africano, afro-brasileiro é redundante. Resolvendo a equação, temos: B = A + I + E, ou seja, Brasileiro é igual a africano + índio + europeu. Logo AB (Afro-brasileiro) será igual a A + AIB (Africano + Índio + Brasileiro). Tem africano demais nessa equação. Eliminando o termo igual, discriminaremos o Afro-brasileiro. A única solução é especificar a origem

cultural (ou etnográfica, se quiserem) da religião. Para mim seria adequado dizer-se religiões brasileiras de origem africana, índia ou judaico-europeias, todas nossas. Mas como seria longo demais e detesto siglas, prefiro falar religiões jeje-nagôs-brasileira. É mais adequado. Pode não ser preciso. Mas a precisão é um desiderato dos relógios suíços, dos mísseis, dos navios que não afundam e dos filósofos positivistas. Não tenho simpatia por nenhum dos quatro.

# Xangô

Xangô é Orixá tão popular no Brasil que, pela força e determinação que sempre representou e deu tanto para o negro escravizado quanto para o Povo de Santo, passou a designar, de modo geral, cultos afro-brasileiros em Pernambuco e Alagoas, com suas variações regionais, onde também o Candomblé de Caboclo é conhecido como Xangô de Caboclo.

Nesse contexto, segundo Nei Lopes, Filipe Sabino da Costa (1877-1936), cujo nome iniciático era Opa Uatanan, mais conhecido como Pai Adão,

> *[...] por seus grandes conhecimentos dos fundamentos rituais e de seu domínio da língua iorubá, é unanimemente considerado a maior personalidade da história do Xangô pernambucano. No início dos anos de 1930, ao receber em Recife a visita do célebre babalaô Martiniano do Bonfim (Ojé Ladê), adaptou em sua honra, uma cantiga de saudação na língua iorubá, a qual, incorporada ao repertório de cânticos rituais dos xangôs recifenses, era ainda bastante cantada na década de 1980.*

Além disso, em muitas casas, o vocábulo amalá, prato votivo de Xangô, passou a designar pratos-de-santo em geral.

Sua popularidade no Brasil se deve ainda por provavelmente ter sido a primeira divindade iorubana a chegar às terras brasileiras, juntamente com os escravos. Orixá da Justiça, o Xangô mítico-histórico teria sido um grande rei (alafim) de Oyó (Nigéria) após ter destronado seu irmão Dadá-Ajaká.

Na teogonia iorubana, é filho de Oxalá e Iemanjá. Representa a decisão, a concretização, a vontade, a iniciativa e, sobretudo, a justiça (que não deve ser confundida com vingança). Xangô é o articulador político presente na vida pública (lideranças, sindicatos, poder político, fóruns, delegacias etc.).

Também Orixá que representa a vida, a sensualidade, a paixão, a virilidade.

Seu machado bipene, o oxê, é símbolo da justiça, pois, todo fato tem, ao menos, dois lados, duas versões, que devem ser pesadas e avaliadas.

Teve como esposas Obá, Oxum e Iansã.

Os Inquices são divindades dos cultos de origem banta. Correspondem aos Orixás iorubanos e da Nação Ketu. Dessa forma, por paralelismo, os Inquices, em conversas do povo-de-santo aparecem como sinônimos de Orixás.

Também entre o povo-de-santo, quando se usa o termo Inquice, geralmente se refere aos Inquices masculinos, ao passo que Inquice Amê refere-se aos Inquices femininos.

O vocábulo Inquice vem do quimbundo *Nksi* (plural: *Mikisi*), significando "Energia Divina".

Nzazi, Zaze ou Loango é o Inquice do raio e da justiça, associado, portanto, ao Orixá Xangô.

Vodum é divindade do povo Fon (antigo Daomé). Refere-se tanto aos ancestrais míticos quanto aos ancestrais históricos. No cotidiano dos terreiros, por paralelismo, o vocábulo é empregado também como sinônimo de Orixá (É bastante evidente a semelhança de características entre os mais conhecidos Orixás, Inquices e Voduns). "Vodum" é a forma aportuguesada de "vôdoun".

| Ji-vodun | Voduns do alto, chefiados por Sô (Heviossô). |
| Ayi-vodun | Voduns da terra, chefiados por Sakpatá. |
| Tô-vodun | Voduns próprios de determinada localidade. Diversos. |
| Henu-vodun | Voduns cultuados por certos clãs que se consideram seus descendentes. Diversos. |

Mawu (gênero feminino) é o Ser Supremo dos povos Ewe e Fon, que criou a Terra, os seres vivos e os voduns. Mawu associa-se a Lissá (gênero masculino), também responsável pela criação, e os voduns são filhos e descendentes de ambos. A divindade dupla Mawu-Lissá é chamada de Dadá Segbô (Grande Pai Espírito Vital).

Heviossô é o Vodum dos raios e relâmpagos, associado, portanto, ao Orixá Xangô.

## Xangô mítico-histórico

Riquíssimos são os relatos mítico-históricos do povoamento da África e da composição do reino de Oyó, no qual se destaca Xangô como o quarto alafim.

Para manter o foco em Xangô, não trataremos da ascendência de Ododuã, Okanbi e Oraniã (pai de Ajaká e Xangô) e dos alafins que sucederam ao quarto.

Ajaká, ou Obá Ajaká, enquanto alafim de Oyó, era pacífico. Xangô, por sua vez, havia crescido em território dos Tapas, de onde provinha sua mãe, Torosi.

Mesmo rejeitado pelo povo, por sua tirania, instalou-se em Kossô e declarou-se Obá Kossô. Posteriormente, fixou-se em Oyó, com simpatizantes, num bairro que também foi chamado de Kossô, o que lhe favoreceu a manter o título de Obá Kossô. Com o tempo, destronou Ajaká.

Este, por sua vez, exilado, reinou em Igboho, cidade próxima a Oyó, sem, contudo, poder usar a coroa de Oyó. Então, passou a usar uma coroa (adé) que cobria seus olhos envergonhados pela derrota, rodeada por fios com búzios no lugar das contas da coroa de Oyó. A essa coroa se chama Adé Baiani. O filho de Ajaká é Aganju, portanto sobrinho de Xangô, que viria a ser o sexto alafim de Oyó.

Após reinar por 47 anos, arrependido por diversas de suas atitudes e com a revolta de seu povo, deixa o trono de Oyó e se transfere para Tapa, território natal de sua mãe. Vencido e humilhado pelo general Gbonka, teria se enforcado ("Obá Sô!", "O rei se enforcou!"). Porém, como seu corpo não foi encontrado, seus seguidores afirmaram que ele havia se transformado em Orixá e proclamaram "Oba Ko sô!", isto é, "O rei não se enforcou!".

Ajaká reassumiu o trono de Oyó, deixou de usar a Adé Baiâni em favor da Adé Alafim e se tornou o quinto alafim.

Com o fim do reinado de Aganju, neto de Oraniã, sobrinho de Xangô e o sexto, iniciou-se o período dos reis históricos.

**Alafins de Oyó**
**(Listagem, segundo Tacques, de Xangô)**

|  |  |
| --- | --- |
|  | Oduduã – fundador mítico-histórico da cultura africana (2000 a 1800 a. C.). |
| 1º alafim de Oyó | Okanbi – homenageado como alafim depois de sua morte (1700 a 1600 a. C.). |

### Alafins de Oyó
### (Listagem, segundo Tacques, de Xangô)

| | |
|---|---|
| 2º alafim de Oyó | Oraniã |
| 3º alafim de Oyó | Ajaká |
| 4º alafim de Oyó | Xangô |
| 5º alafim de Oyó | Ajaká |
| 6º alafim de Oyó | Aganju |
| 7º alafim de Oyó | Kori |
| 8º alafim de Oyó | Oluaso |
| 9º alafim de Oyó | Onigboni |
| 10º alafim de Oyó | Afirã |
| 11º alafim de Oyó | Eguoju |
| 12º alafim de Oyó | Orompoto |
| 13º alafim de Oyó | Ajiboyede |
| 14º alafim de Oyó | Abipa |
| 15º alafim de Oyó | Obalokon |
| 16º alafim de Oyó | Ajagro |
| 17º alafim de Oyó | Odawaw |
| 18º alafim de Oyó | Kanrã |
| 19º alafim de Oyó | Jayin |
| 20º alafim de Oyó | Ayibi |

## Esposas

Orixá do rio Níger, irmã de Iansã, Obá é a mais velha das esposas de Xangô. Alguns a cultuam como um aspecto feminino de Xangô. É ainda prima de Euá, a quem se assemelha em muitos aspectos.

Nas festas da fogueira de Xangô, leva as brasas para seu reino, símbolo do devotamento, da lealdade ao marido.

Guerreira e pouco feminina, quando repudiada pelo marido, rondava o palácio com a intenção de a ele retornar.

Oyá ou Iansã é Orixá guerreiro, senhora dos ventos, das tempestades, dos trovões e também dos espíritos desencarnados (eguns), conduzindo-os para outros planos, ao lado de Obaluaê.

Divindade do rio Níger, ou Oya, é sensual, representando o arrebatamento, a paixão.

De temperamento forte, foi esposa de Ogum, e depois a mais importante esposa de Xangô (ambos tendo o fogo como elemento afim).

Irrequieta e impetuosa, é a senhora do movimento e, em algumas casas, também a dona do teto da própria casa.

Uma de suas funções espirituais é trabalhar a consciência dos desencarnados que estão à margem da Lei, para, então, poder encaminhá-los a outra linha de evolução.

Oxum é Orixá do feminino, da feminilidade, da fertilidade, ligada ao rio de mesmo nome, em Ijexá (Nigéria).

Senhora das águas doces, dos rios, das águas quase paradas das lagoas não pantanosas, das cachoeiras e, em algumas qualidades, também da beira-mar. Perfumes, joias, colares, pulseiras, espelhos, alimentam sua graça e beleza.

Filha predileta de Oxalá e de Iemanjá, foi esposa de Oxóssi, de Ogum e, posteriormente, de Xangô (segunda esposa). Senhora do ouro (na África, cobre), das riquezas, do amor. Orixá da fertilidade, da maternidade, do ventre feminino, a ela se associam as crianças.

Nas lendas em torno de Oxum, a menstruação, a maternidade, a fertilidade, enfim, tudo o que se relaciona ao universo feminino, é valorizado.

Entre os iorubás, tem o título de Ialodê (senhora, "lady"), comandando as mulheres, arbitrando litígios e responsabilizando-se pela ordem na feira.

No jogo dos búzios, é ela quem formula as perguntas, respondidas por Exu. Os filhos de Oxum costumam ter boa comunicação, inclusive no que tange a presságios. Oxum, Orixá do amor, favorece a riqueza espiritual e material, além de estimular sentimentos como amor, fraternidade e união. É patrona da Nação Ijexá.

Por vezes, Xangô é retratado como tirano e insensível ao feminino, a ele apenas se sobrepondo, como quando tenta tomar à força Euá (símbolo da virgindade) ou seduzindo e/ou violentando sua mãe adotiva, Iemanjá, ou Nanã, a esposa mais velha de Oxalá (símbolos da maternidade). Em outros momentos, intimamente ligado ao feminino ou a ele submetido. Dos diversos relatos a respeito desse Orixá, existe um bastante significativo a respeito da integração entre o masculino e o feminino, recontado por Reginaldo Prandi[5]:

> *Xangô estava fugindo dos inimigos. Os inimigos queriam acabar com ele a qualquer custo. Se caísse em suas mãos, lhe cortariam a cabeça. Xangô foi se esconder na casa de Oiá. Os inimigos sitiaram a casa; não havia como escapar. Oiá vestiu Xangô com as roupas dela. Cortou os cabelos e com eles cobriu a cabeça de Xangô. Ornou-o com apuro, com muitos colares, anéis e pulseiras. Então Oiá anunciou que ia sair para um passeio. E Xangô saiu à rua com toda a elegância de Oiá. Era Oiá, todos acreditaram, formosa e deslumbrante em seus*

---

5. A escolha se deu porque Prandi, em seus textos literários, é verdadeiro griô (contador de histórias), mestre das palavras que honram, na escrita, a oralidade africana.

*ricos trajes. Os inimigos de Xangô abriram respeitosamente o caminho para Oiá.*

*Quando, mais tarde, Oiá saiu à rua, todos se deram conta do engodo, mas era tarde demais. Xangô escapara e da morte se livrara.*

*A astúcia de Oiá livrou Xangô dos inimigos.*

O masculino travestido de feminino, no relato acima, pode ser lido como o ato de colocar-se no lugar do outro, com vistas à compreensão de seu oposto complementar. Ao se vestir como Iansã, a esposa com quem mais Xangô apresenta compatibilidade de elementos, pois com ela divide os domínios do fogo, do raio e do trovão, ao mesmo tempo em que a ela se opõe, pois Xangô é Orixá que pulsa tão intensamente a vida, que repulsa o mundo dos mortos, reino em que Iansã se sente à vontade Xangô, por meio da representação do feminino, reforça o seu masculino, de modo equilibrado e maduro. Assim, não perde sua cabeça (seu Ori, sua consciência)[6] e não se deixa vencer pelos inimigos (instintos, temores, inconsciência).

Como na imagem da balança da justiça, domínio de Xangô, os pratos assumem posições equânimes ou com oscilações compreensíveis rumo ao equilíbrio.[7]

---

6. A cabeça humana, na tradição iorubá, receptáculo do conhecimento e do espírito, tão importante que cada Orixá tem seu Ori. É alimentado, como no caso do Bori, a fim de manter-se equilibrado. Trata-se, ainda, da consciência presente em toda a natureza e seus elementos, guiada pelo Orixá (força específica).

7. Veja-se esta correlação com o deus nórdico Thor, inscrito na mesma gama arquetípica de Xangô: "Uma interpretação interessante sobre o mito em que Thor, disfarçado de mulher, resgata seu martelo é dada pela escritora Freya Aswynn." Ela afirma que, somente ao assumir sua *anima* (indicada pelas roupas femininas), Thor consegue resgatar sua verdadeira masculinidade, simbolizada pelo martelo que, como a runa Thurisaz, é uma figura fálica. (FAUR, Mirella. *Mistérios nórdicos: deuses, runas, magias, rituais*. São Paulo: Pensamento, 2007 p. 86.)

# Cores

No Candomblé, Xangô é principalmente associado ao vermelho e branco, cores de suas contas. O Orixá da Justiça está bem ao meio da vibração de Exu (vermelho) e Oxalá (branco), em posição de equilíbrio, como o fiel de uma balança.

Segundo célebre relato do Povo de Santo, registrado e recontado por Reginaldo Prandi,

> [...] Xangô foi um filho rebelde, saía pelo mundo fazendo o que queria. Seu pai Obatalá era informado de seus atos, recebendo muitas queixas pelas artes do filho. Obatalá justificava os atos de Xangô, alegando que ele não havia sido criado perto dele. Mas esperava o dia em que Xangô a ele se submeteria.
>
> Uma ocasião, Xangô estava na casa de uma de suas mulheres. Havia deixado o cavalo amarrado à porta de casa. Obatalá e Oduduá passaram por lá e levaram o cavalo. Xangô percebeu o roubo e saiu em busca do animal. Foi informado de que dois velhos que por ali passavam haviam levado o cavalo. Xangô saiu em seu encalço e na perseguição encontrou Obatalá. Quis enfrentar Obatalá, que não se intimidou diante do rapaz, exigindo respeito e submissão. Obatalá ordenou: "Kunlé!! Foribalé!". "Ajoelhe-se! Prostre-se no chão aos meus pés!" E Xangô, desarmado, atirou-se ao solo. Xangô estava dominado por Obatalá. Xangô já tinha consigo seu colar de contas vermelhas e então Obatalá desfez o colar de

Xangô e alternou as contas encarnadas de Xangô com as contas brancas de seu próprio colar. Obatalá entregou a Xangô o novo colar vermelho e branco. Agora todos saberiam que ele era seu filho.

Já a qualidade de Xangô conhecida como Airá (Para muitos, Airá é um Orixá distinto, e não uma qualidade de Xangô.), tem fundamento com Oxalá e, por esse motivo, para esse Xangô, usa-se apenas o branco. Conforme relato da tradição afro-brasileira, também recontado por Reginaldo Prandi,

> [...] Um dia Oxalufã, que vivia com seu filho Oxaguiã, velho e curvado por sua idade avançada, resolveu viajar a Oyó em visita a Xangô, seu outro filho. Foi consultar um babalaô para saber acerca do passeio.
>
> O adivinho recomendou-lhe não seguir viagem, pois a jornada seria desastrosa e poderia acabar muito mal. Mesmo assim, Oxalufã, por teimosia, resolveu não renunciar à sua intenção. O adivinho aconselhou-o então a levar consigo três panos brancos, limo-da-costa e sabão da costa. E disse a Oxalá ser imperativo tudo aceitar com calma e fazer tudo o que lhe pedissem ao longo da estrada. Com tal postura talvez pudesse não perder a vida no caminho.
>
> Em sua caminhada, Oxalufã encontrou Exu três vezes. Três vezes Exu solicitou ajuda ao velho Rei para carregar seu fardo pesadíssimo de dendê, cola e carvão, o qual Exu acabou, nas três vezes, derrubando em cima de Oxalufã. Três vezes Oxalufã ajudou Exu a carregar seus fardos sujos. E por três vezes Exu fez Oxalufã sujar-se de azeite de dendê, de carvão, e outras substâncias enodoantes.
>
> Três vezes Oxalufã ajudou Exu. Três vezes suportou as armadilhas de Exu. Três vezes foi Oxalufã ao rio mais próximo lavar-se e trocar as vestes.

Finalmente chegou Oxalá à cidade de Oyó. Na estrada viu um cavalo perdido, que ele reconheceu como o cavalo que havia presenteado a Xangô. Tentou amansar o animal para amarrá-lo e devolvê-lo ao amigo. Mas nesse momento chegaram alguns soldados do rei à procura do animal perdido. Viram Oxalufã com o cavalo e pensaram tratar-se do ladrão do animal. Maltrataram e prenderam Oxalufã.

Sempre calado, o orixá deixou-se levar prisioneiro. Magoado e desgostoso foi arrastado ao cárcere sem comiseração. O tempo passou e Oxalufã continuava preso e sem direito de defesa. Humilhado, decidiu que aquele povo presunçoso e injusto merecia uma lição.

E o velho orixá usou de seus poderes e vingou-se de Oyó. Assim, Oyó viveu por longos sete anos a mais profunda seca. As mulheres e os campos tornaram-se estéreis e muitas doenças incuráveis assolaram o reino.

O rei Xangô, em desespero, consultou o babalaô da corte e soube que um velho sofria injustamente como prisioneiro, pagando por um crime que não cometera. Disse-lhe também que o velho nunca havia reclamado, mas que sua vingança tinha sido a mais terrível.

Xangô correu imediatamente para a prisão. Para seu espanto, o velho aprisionado era Oxalufã. Xangô ordenou que trouxessem água do rio para lavar o rei, água limpa e fresca das fontes para banhar o velho orixá. Que lavassem seu corpo e os untassem com limo-da-costa. Que providenciassem os panos mais alvos para envolvê-lo. O rei de Oyó mandou seus súditos vestirem-se de branco também. E determinou que todos respeitassem em silêncio. Pois era preciso, respeitosamente, pedir perdão a Oxalá.

Xangô vestiu-se também de branco e nas suas costas carregou o velho rei. E o levou para as festas em sua homenagem e todo o povo saudava Oxalá e todo o povo saudava Airá, o Xangô Branco.

*Depois Oxalufã voltou para casa e Oxaguiã ofereceu um grande banquete em celebração pelo retorno do pai. Terminadas as homenagens, Oxalá partiu de volta para casa. Caminhava lentamente, apoiando-se no opaxorô, comprido báculo de lenho que o ajuda a se locomover. Seus acompanhantes cobriam-se com o branco alá, alvo pálio que protege o velho orixá da luz e do calor do sol.*

*Quando Oxalufã chegou a casa, Oxaguiã realizou muitos festejos para celebrar o retorno do velho pai.*

Este é um dos relatos mais complexos que traduz o aprendizado da sabedoria e da justiça. Exu, que por meio do torto faz o reto, coloca Xangô numa situação em que, por meio de uma ação injusta, refina seu senso de justiça, de modo a identificar-se com o símbolo da experiência e da sabedoria máximas: Oxalá.

Por essa razão, passa a ter fundamento com Oxalá Velho (Oxalufã), com ele comungando. Como se diz na linguagem das religiões de matriz africana, Xangô Airá caminha ou come com Oxalá. Não à toa essa qualidade de Xangô é sincretizada com São Pedro, como se verá adiante, o chamado Príncipe dos Apóstolos.

Na Umbanda, por sua vez, Xangô é associado (e geralmente de modo único, independentemente da qualidade do Orixá) ao marrom das vestes de São João Batista e São Jerônimo, bem como à túnica de São Francisco de Assis. O marrom evoca a energia telúrica das pedras e pedreiras, regidas pelo Orixá da Justiça e do Fogo.

Na chamada Umbanda Esotérica, a cor de Xangô é o verde, provavelmente pelo fato de Xangô reger o chacra cardíaco, ao qual comumente associa-se a cor verde.

# Símbolos

Quando se tratam de Orixás, símbolos não são apenas símbolos. Por exemplo, o símbolo de um Orixá num ponto riscado abre dimensões para o trabalho espiritual. O mesmo se dá com as ferramentas de Orixás: quando um Orixá dança num barracão e utiliza sua ferramenta, estão sendo cortadas energias deletérias e disseminados os Axés dos Orixás.

## Oxê

O machado duplo de Xangô (Ás vezes aparecem dois machados, contudo, geralmente bipenes, ou seja, com dos lados.) representa a força, o poder do Orixá, bem como o equilíbrio, a justiça, a noção de que todo fato tem ao menos duas leituras opostas complementares. É possível, ainda, nas sociedade moderna e contemporânea, associá-lo à balança da Justiça, sendo cada ponta um prato, e o cabo, o fiel.

Representações africanas trazem o oxê sobre uma cabeça (de Xangô ou de seus filhos), evocando a responsabilidade pela justiça e rituais em que se carregam recipientes com brasa, em estado de incorporação, em respeito, reverência ao Orixá e como prova de fé no mesmo.

## Edun-ará

Pedra de raio ou meteorito, geralmente guardada numa sacolinha chamada labá. Por vezes, a Edun-ará é pedra esculpida há séculos, por mãos humanas, com diversas funções, como machadinhas.

A pedra é um dos elementos de Xangô. Quando vinda do céu, seria enviada pelo Senhor dos Raios para fazer Justiça. Em África, acreditava-se que, se um meteorito caísse sobre algo ou alguém, seria o braço da Justiça Divina punindo ações equivocadas.

## Leão

Símbolo de força e coragem, de realeza, de referência do continente africano, de força e potência, o leão é o animal que mais facilmente associa-se à imagem do Orixá Xangô, com o endosso do sincretismo feito com São Jerônimo, em cuja representação pictórica e iconográfica geralmente aparece um leão domesticado.

Símbolo solar, não à toa Xangô é também relacionado ao signo de Leão, representa poder, sabedoria e justiça, ressurreição/renascimento, mas também ego desvairado e tirania (aspecto sombra).

## Livro

O livro também é elemento associado a Xangô, pois sendo Orixá da Justiça, a ele se atribuem os registros das boas e das equivocadas ações. Ademais, em alguns de seus pontos cantados, "livro" e "lírio", por vezes, se confundem. Em diversas associações sincréticas, o elemento livro aparece.

## Saudação

"Kaô Cabecile!", "Kaô Cabecilê!" ou "Kaô Cabeci!", o que, em tradução livre do iorubá, figura como "Venham ver o rei!".

## Números

Os principais números associados a Xangô são o 6 (obará) e o 12 (Eji-Laxeborá). A respeito do 12, tem-se a figura dos 12 obás de Xangô, ministros da corte mítico-histórica de Oyó, reproduzido por Mãe Aninha, a partir de 1935, no Ilê Axé Opô Afonjá, em Salvador (BA).

Nessa casa, dividem-se os Obás em dois grupos: seis da mão direita empunham o xerê, espécie de chocalho para invocação e saudação ao Orixá Xangô, e seis da mão esquerda. Mãe Senhora, por sua vez, introduziu os Otum Obá e Ossi Obá, espécie de primeiro e segundo suplentes dos Obás, elevando, portanto, para o número de 36 os membros dos Obás.

Os Obás da mão direita são: Obá Até, Obá Kankanfô, Obá Telá, Obá Abiodum (o chefe dos Obás, por determinação de Mãe Aninha), Obá Arolu e Obá Olugbon. Os Obás da mão esquerda são: Obá Aressá, Obá Onashokun, Obá Elerin, Obá Xorun, Obá Onikoyi e Obá Odofi.

Nas palavras de Ildásio Tavares a respeito dos Obás no Ilê Axé Opô Afonjá,

Os obás de Xangô têm funções litúrgicas, principalmente no ciclo de festas dedicado a Xangô, mas também as exercem em todas as festas e cerimônias por sua preeminência hierárquica. Os obás, como ministros de Xangô, orixá da casa, e rei, têm ascendência sobre os ogãs, que são ministros dos outros orixás. São os obás, pois, uma espécie de ogãs mais graduados. A correspondência cultural de ogã em português seria senhor, lord em inglês. Obá seria rei, numa corte mítica e mística de 12 reis iorubás sob a hegemonia do rei de Oyó, o super-rei, orixá, Xangô. No Ilê Axé Opô Afonjá, os obás somente são inferiores hierarquicamente à ialorixá e à Iyá Kekerê, a mãe pequena do Axé e eventual substituta da ialorixá na sua ausência.

## Dia da semana

Quarta-feira.

## Tarô

No *Tarô dos Orixás* de Eneida Duarte Gaspar, Xangô corresponde a O Imperador (lâmina IIII) do Tarô de Marselha.

- Significado básico de O Imperador: Forte autoridade. Necessidade de consulta a uma autoridade superior. Vontade. Força de execução. Riqueza material. Lei. Poder público. Perseverança. Certeza. Força resoluta. Influência de Saturno, Marte e Júpiter.

- Significado básico oposto de O Imperador: Dogmatismo. Fraqueza de caráter. Imobilismo. Receio da autoridade.

No *Tarô dos Orixás*, conforme a própria Eneida Duarte Gaspar,

> *[...] Sendo o grande justiceiro, que governa com retidão, é chamado "o advogado dos pobres". Xangô, como o imperador, é aquele que, tendo agido corretamente, conseguiu realizar seu objetivo – a conquista do seu reino. (...) A autoridade que não se apoia na justiça degenera em tirania. (pp. 7-8)*

Obviamente as lâminas ou cartas apresentam-se com significado mais profundo durante a leitura, em especial conforme a posição que assumem no jogo e com relação às outras cartas.

# Sincretismo

(...)
Quando os povos d'África chegaram aqui
Não tinham liberdade de religião.
Adotaram o Senhor do Bonfim:
Tanto resistência, quanto rendição.

Quando, hoje, alguns preferem condenar
O sincretismo e a miscigenação,
Parece que o fazem por ignorar
Os modos caprichosos da paixão.

Paixão que habita o coração da natureza-mãe
E que desloca a história em suas mutações,
Que explica o fato de Branca de Neve amar
Não a um, mas a todos os Sete Anões.
(...)

(Gilberto Gil)

A senzala foi um agregador do povo africano. Escravos muitas vezes apartados de suas famílias e divididos propositadamente em grupos culturais e linguisticamente diferentes – por vezes antagônicos, para evitar rebeliões –, organizaram-se de modo a criar uma pequena África, o que posteriormente se refletiu nos terreiros de Candomblé, onde Orixás procedentes de regiões e clãs diversos passaram a ser cultuados numa mesma casa religiosa.

Entretanto, o culto aos Orixás era velado, uma vez que a elite branca católica considerava as expressões de espiritualidade e fé dos africanos e seus descendentes como associada ao mal, ao Diabo cristão, caracterizando-a pejorativamente de primitiva.

Para manter sua liberdade de culto, ainda que restrita ao ambiente da senzala, ou, de modo escondido, nos pontos de força da natureza ligados a cada Orixá, os escravizados recorreram ao sincretismo religioso, associando cada Orixá a um santo católico. Tal associação também apresenta caráter plural e continuou ao longo dos séculos, daí a diversidade de associações sincréticas.

Hoje, por um lado, há um movimento de "reafricanização" do Candomblé, dissociando os Orixás dos santos católicos; por outro lado, muitas casas ainda mantêm o sincretismo, e muitos zeladores-de-santo declaram-se católicos.

No caso da Umbanda, algumas casas, por exemplo, não se utilizam de imagens de santos católicos, representando os Orixás em sua materialidade por meio dos otás, entretanto, a maioria ainda se vale de imagens católicas, entendendo o sincretismo como ponto de convergência de diversas matrizes espirituais.

De certa forma, o sincretismo também foi chancelado pelo fato de popularmente Orixá passar a ser conhecido como "Santo" (Orixá de energia masculina/pai/aborô.) ou "Santa" (Orixá de energia feminina/mãe/iabá.), o que reforça a associação e correspondência com os santos católicos, seres humanos que, conforme a doutrina e os dogmas católicos, teriam se destacado por sua fé ou seu comportamento.

Energia masculina e energia feminina de cada Orixá não têm necessariamente relação com gênero e sexualidade tal qual conhecemos e vivenciamos, tanto que, em Cuba, Xangô é sincretizado com Santa Bárbara.

Ainda sobre o vocábulo "Santo" como sinônimo de Orixá, as traduções mais próximas para os termos *babalóòrìsá* e *iyálorìsa* seriam pai ou mãe-**no**-santo, contudo o uso popular consagrou pai ou mãe-**de**-santo. Para evitar equívocos conceituais e/ou teológicos, alguns sacerdotes utilizam-se do termo zelador ou zeladora-de-santo.

Em célebre entrevista concedida ao jornal "A Tarde", em 24 de junho de 2001, o zelador-de-santo Agenor Miranda trata de diversos temas que apareceram em entrevistas anteriores.

Duas perguntas tratam de sincretismo e devoção a santos católicos. As mesmas declarações a respeito do sincretismo no Candomblé poderiam, certamente, ser aplicadas ao sincretismo na Umbanda.

**P – Na Bahia do Senhor do Bonfim, o sincretismo religioso está muito presente. Qual a sua opinião sobre o sincretismo, considerando que o senhor é um zelador-de-santo, filho de pais católicos?**

*R – Não há crime nenhum no sincretismo, porque, se não fosse o sincretismo, não haveria candomblé hoje. Essa é que é a verdade. As mães-de-santo e os pais-de-santo não querem o sincretismo. Mas tem que haver. Se não fosse o sincretismo, como é que o candomblé iria sobreviver até hoje? Teria morrido. Agora, eles não gostam quando eu falo isso. Mas eu falo o que sinto. Não falo pelos outros, falo por mim.*

**P – O senhor é devoto de Santo Antônio e de São Francisco de Assis e vai sempre à cidade de Assis, na Itália, venerar São Francisco. Como é que o senhor lida com isso dentro do candomblé? Existe preconceito?**

R – *Se há preconceitos, é com eles. Eu sou eu. Nunca tive conflito. E, agora, tem mais uma coisa: eu sou do santo, católico e espírita. Assim como na família: nem todos são iguais, mas convivem bem. Não é isso? É uma questão de fé.*

Não apenas o sincretismo, mas também a convivência, nem sempre pacífica, é verdade, entre religiões em solo e corações brasileiros. A partir da entrevista de Agenor Miranda, evocam, ainda, os seguintes versos de Zeca Pagodinho ("Ogum"):

> *Sim, vou à igreja festejar meu protetor*
> *E agradecer por eu ser mais um vencedor*
> *Nas lutas, nas batalhas.*
> *Sim, vou ao terreiro pra bater o meu tambor*
> *Bato cabeça firmo ponto sim senhor*
> *Eu canto pra Ogum*

A espiritualidade do povo brasileiro é bastante dialógica, sincrética e dinâmica.

A seguir, algumas das formas de sincretismo de Xangô, com uma breve interpretação da correspondência entre o Orixá e os santos católicos:

SÃO JERÔNIMO (30 de setembro) – Nascido em Estridão, na Dalmácia, em aproximadamente 345 d. C., faleceu em Belém em 419. Tradutor, foi responsável pela tradução da Bíblia para o latim (Vulgata). Erudito, estudioso, doutor da Igreja, foi também secretário do Papa Dâmaso. Após a morte do pontífice, sofrendo críticas e calúnias, retirou-se para Belém. Geralmente é representado como um ancião de barbas e cabelos brancos, com um leão (um dos animais símbolos de Xangô) e um livro (Bíblia). Trata-se certamente da forma mais popular de sincretismo do Orixá Xangô na Umbanda por meio de representação de imagens em seus altares, embora nos pontos cantados predomine a figura de São João Batista. Reza a lenda que, com senso de justiça, São Jerônimo defendeu um leão da acusação, sem provas e apressada por observações sobre a aparência dos fatos, de haver matado e comido um seu amigo jumento, o que depois se verificou não ser verdade. Sua festa é celebrada no dia 30 de setembro, Dia da Bíblia para a Igreja Católica. Sincretizado principalmente com Xangô Agodô.

SÃO JOÃO BATISTA (24 de junho) – Nascido na Judeia, por volta do ano 02 a. C., foi morto aproximadamente em 27 d. C. Primo de Jesus, foi o precursor de sua mensagem e acabou por batizar o próprio Jesus, de quem se declarava indigno de desatar as sandálias. Célebre por dizer o que pensava, não temia acusar Herodes Antipas por haver se casado com a viúva de seu irmão, o que não era permitido por lei. Contudo, segundo consta, Herodes tolerava João Batista e lhe admirava o verbo. A astúcia de Herodíade, a esposa, colocou Salomé, filha de seu casamento anterior para dançar para o rei, e este lhe prometeu o que desejasse, mesmo se a metade de seu reino, ao que a enteada, por influência da mãe, solicitou a cabeça de João Batista numa bandeja, tendo o rei de cumprir sua promessa. Sua festa é celebrada em 24 de junho, com as célebres fogueiras, em especial na noite/madrugada do dia 23 para o dia 24.

SÃO PEDRO (29 de junho) – Discípulo de João Batista e Apóstolo de Jesus Cristo, nasceu em Betsaida e morreu em Roma em 64 d. C., no reinado de Nero, crucificado de cabeça para baixo pelo fato de se sentir indigno de morrer como o Mestre. Seu nome foi dado por Jesus e significa "pedra", "rocha" ("Cefas", em aramaico), sobre a qual se edificou a comunidade cristã (para a Igreja Católica, Pedro foi o primeiro Papa). Fazendo parte do círculo íntimo de Jesus, Pedro foi o Apóstolo que prometeu segui-lo, porém o negou três vezes, por medo; impetuoso, cortou a orelha de um empregado do Sumo Sacerdote que acompanhava o grupo que havia ido prender Jesus, tendo o ferimento sido curado por Mestre. Distingue-se de João, o chamado "Discípulo Amado", que em tudo seria exemplar, e de Judas, que trairia o Mestre, sendo, assim, um dos Apóstolos cujo arquétipo mais se aproxima das oscilações da alma humana e bem representa o caminho das pedras até o amadurecimento, por meio de erros e acertos. Não à toa, arquetipicamente, Xangô Airá é associado a São Pedro. Em diversas imagens, além das chaves que ligam céu e Terra, traz também um livro, elemento relacionado a diversas representações sincréticas de Xangô.

MOISÉS – Não se trata propriamente de santo católico, mas de legislador, líder religioso e profeta do Antigo Testamento, responsável pela libertação do povo hebreu da escravidão no Egito. A Moisés se associam as Tábuas da Lei, com os Dez Mandamentos, que, segundo a tradição, teria recebido do próprio Deus. Por sua liderança, pela sabedoria e experiência (A representação mais conhecida de Moisés é a de um patriarca em idade madura, com barbas e cabelos brancos.), pelo texto da Lei impresso em pedra e recebido no Monte Sinai, com ele é sincretizado Xangô.

SÃO JOSÉ (19 de março) – Esposo de Nossa Senhora e pai (segundo a tradição católica, putativo) de Jesus, é representado como homem maduro e grisalho, com barba. Trata-se de patriarca que traz ao colo o filho amado, ainda criança, e segura na mão um lírio branco, flor de Xangô (também flor de Oxalá; de Xangô é também o cravo branco ou vermelho), o que favorece o sincretismo.

SÃO JUDAS TADEU (28 de março) – Apóstolo de Jesus, viveu no século I, irmão de São Tiago Menor. Conhecido como "Tadeu", isto é, "aquele que tem peito largo". Pregou na Galileia, na Judeia, na Síria e na Mesopotâmia. Em muitas de suas representações, aparece como um homem maduro de barba e com um instrumento que lembra muito um machado ou uma foice e com um livro (Evangelho) na mão. É invocado para casos impossíveis ou de desespero.

Observe-se, não apenas no caso de Xangô Airá (sincretizado com São Pedro), a estreita ligação entre cada santo católico e Jesus Cristo (sincretizado com Oxalá), bem como entre Moisés e Deus Pai (também sincretizado com Oxalá).

# Comidas e bebidas

A cozinha é local para o preparo de pratos ritualísticos e mesmo para cuidados gerais da casa. Alguns terreiros (em especial de Umbanda) não dispõem de cozinha, sendo utilizada a da casa do dirigente espiritual ou de algum médium.

Em linhas gerais, o uso ritualístico da cozinha pressupõe o mesmo respeito, o mesmo cuidado de outras cerimônias de Candomblé e Umbanda, como os xirês e as giras, as entregas (oferendas) e outros: roupas apropriadas, padrão de pensamento específico e centramento necessário etc.

Além disso, os médiuns devem ser cruzados para a cozinha e/ou estarem autorizados a nela trabalhar. No Candomblé, bem como em algumas casas de Umbanda com forte influência dos Cultos de Nação, destaca-se a figura da Iabassê, a responsável maior pelo preparo das comidas sagradas.

Embora se faça uso de comidas e bebidas sagradas em vários momentos da caminhada espiritual da vida dos filhos e sacerdotes/sacerdotisas, os momentos mais conhecidos são as chamadas obrigações. Cada vez mais se consideram as obrigações não apenas como um compromisso, mas, literalmente como uma maneira de dizer obrigado(a).

Em linhas gerais, as obrigações se constituem em oferendas feitas para, dentre outros, agradecer, fazer pedidos,

reconciliar-se, isto é, reequilibrar a própria energia com as energias dos Orixás.

Os elementos oferendados, em sintonia com as energias de cada Orixá, serão utilizados pelos mesmos como combustíveis ou repositores energéticos para ações magísticas, da mesma forma que o álcool, o alimento e o fumo utilizados quando o médium está incorporado. Daí a importância de cada elemento ser escolhido com amor, qualidade, devoção e pensamento adequado.

Existem obrigações menores e maiores, variando de terreiro para terreiro; periódicas ou solicitadas de acordo com as circunstâncias, conforme o tempo de desenvolvimento mediúnico e a responsabilidade de cada um com seus Orixás; com sua coroa, como no caso da saída (Quando o médium deixa o recolhimento e, após período de preparação, apresenta solenemente seu Orixá, ou é, por exemplo, apresentado como sacerdote ou ogã.) e outros.

Embora cada casa siga um núcleo comum de obrigações fixadas e de elementos para cada uma delas, dependendo de seu destinatário, há uma variação grande de cores, objetos, características. Portanto, para se evitar o uso de elementos incompatíveis para os Orixás, há que se dialogar com a Espiritualidade e com os dirigentes espirituais, a fim de que tudo seja corretamente empregado ou, conforme as circunstâncias, algo seja substituído.

A cozinha dos Orixás migrou para as mesas e barracas de quitutes brasileiros, pela variedade de sabores, temperos e cores.

"Um jeilako si ekan.": Em tradução livre do iorubá, "Quem come quiabo não pega feitiço.", uma referência à proteção espiritual dos Orixás Xangô e Iansã.

O prato mais popular associado a Xangô, tanto para as chamadas entregas quanto para o consumo em ceia comunal é o amalá, espécie de caruru, porém com menos condimento, e também o agebô, cuja base é o quiabo. Também para Xangô se prepara a rabada.

A bebida de Xangô é a cerveja preta.

# Corpo humano e chacras

Por serem ecológicas, as religiões de mátria africana visam ao equilíbrio do trinômio corpo, mente e espírito (holismo); isto é, a saúde física, o padrão de pensamento e o desenvolvimento espiritual de cada indivíduo.

O corpo humano traz em si os quatro elementos básicos da natureza, aos quais se ligam os Orixás. É o envoltório, a casa do espírito, sente dor e prazer. É, ainda, o meio (médium) pelo qual a Espiritualidade literalmente se corporifica, seja por meio da chamada incorporação, intuição, psicografia etc. Portanto, deve ser tratado com equilíbrio, respeito e alegria.

Assim como na tradição hebraico-cristã, segundo a qual Deus e os seres humanos viviam juntos no Éden, a tradição iorubá relata que havia livre acesso aos seres humanos entre o Aiê (Em tradução livre, o plano terreno.) e o Orum (Em tradução livre, o plano espiritual.).

Com a interrupção desse acesso, foi necessário estabelecer uma nova ponte, por meio do culto aos Orixás, em África, o que se amalgamou e resultou, no Brasil, no Candomblé e, em linha histórica diacrônica (Para a Espiritualidade o *timing* é sincrônico e em espiral.), nas demais religiões de matriz africana.

No relato registrado e anotado por Reginaldo Prandi[8]:

*No começo não havia separação entre*
*o Orum, o Céu dos orixás,*
*e o Aiê, a Terra dos humanos.*
*Homens e divindades iam e vinham,*
*coabitando e dividindo vidas e aventuras.*
*Conta-se que, quando o Orum fazia limite com o Aiê,*
*um ser humano tocou o Orum com as mãos sujas.*
*O céu imaculado do Orixá fora conspurcado.*
*O branco imaculado de Obatalá se perdera.*
*Oxalá foi reclamar a Olorum.*
*Olorum, Senhor do Céu, Deus Supremo,*
*irado com a sujeira, o desperdício e a displicência dos mortais,*
*soprou enfurecido seu sopro divino*
*e separou para sempre o Céu da Terra.*
*Assim, o Orum separou-se do mundo dos homens*
*e nenhum homem poderia ir ao Orum e retornar de lá*
*com vida.*
    *E os orixás também não podiam vir à Terra com seus corpos.*
    *Agora havia o mundo dos homens e o dos orixás,*
*separados.*
    *Isoladas dos humanos habitantes do Aiê, as divindades*
*entristeceram.*
    *Os orixás tinham saudades de suas peripécias entre*
*os humanos*
    *e andavam tristes e amuados.*

---

8. A escolha se deu porque Prandi, em seus textos literários, é verdadeiro griô (contador de histórias), mestre das palavras que honram, na escrita, a oralidade africana.

Foram queixar-se com Olodumaré, que acabou consentindo
que os orixás pudessem vez por outra retornar à Terra.
Para isso, entretanto, teriam que tomar o corpo material de seus devotos.
Foi a condição imposta por Olodumaré
Oxum, que antes gostava de vir à Terra brincar com as mulheres,
dividindo com elas sua formosura e vaidade,
ensinando-lhes feitiços de adorável sedução e irresistível encanto,
recebeu de Olorum um novo encargo:
preparar os mortais para receberem em seus corpos os orixás.
Oxum fez oferendas a Exu para propiciar sua delicada missão.
De seu sucesso dependia a alegria dos seus irmãos e amigos orixás.
Veio ao Aiê e juntou as mulheres à sua volta,
banhou seus corpos com ervas preciosas,
cortou seus cabelos, raspou suas cabeças,
pintou seus corpos.
Pintou suas cabeças com pintinhas brancas,
como as pintas das penas da conquém,
como as penas da galinha-d'angola.
Vestiu-as com belíssimos panos e fartos laços,
enfeitou-as com joias e coroas.
O ori, a cabeça, ela adornou ainda com a pena ecodidé,
pluma vermelha, rara e misteriosa do papagaio-da-costa.
Nas mãos as fez levar abebês, espadas, cetros,
e nos pulsos, dúzias de dourados indés[9].

---

9. Indé – pulseira.

*O colo cobriu com voltas e voltas de coloridas contas
e múltiplas fieiras de búzios, cerâmicas e corais.
Na cabeça pôs um cone feito de manteiga de ori,
finas ervas e obi mascado,
com todo condimento de que gostam os orixás.
Esse oxô atrairia o orixá ao ori da iniciada e
o orixá não tinha como se enganar em seu retorno ao Aiê.
Finalmente as pequenas esposas estavam feitas,
estavam prontas, e estavam odara[10].
As iaôs eram a noivas mais bonitas
que a vaidade de Oxum conseguia imaginar.
Estavam prontas para os deuses.
Os orixás agora tinham seus cavalos,
podiam retornar com segurança ao Aiê,
podiam cavalgar o corpo das devotas.
Os humanos faziam oferendas aos orixás,
convidando-os à Terra, aos corpos das iaôs.
Então os orixás vinham e tomavam seus cavalos.
E, enquanto os homens tocavam seus tambores,
vibrando os batás e agogôs, soando os xequerês e adjás,
enquanto os homens cantavam e davam vivas e aplaudiam,
convidando todos os humanos iniciados para a roda do xirê,
os orixás dançavam e dançavam e dançavam.
Os orixás podiam de novo conviver com os mortais.
Os orixás estavam felizes.
Na roda das feitas, no corpo das iaôs,
eles dançavam e dançavam e dançavam.
Estava inventado o candomblé.*

---

10. Odara – lindo(a).

Xangô, para diversas vertentes das religiões de matriz africana, rege o fígado (limpeza e transmutação) e a vesícula (sentimentos e reações). Ao fígado relaciona-se, sobretudo, a retenção, a expressão e/ou a transmutação da raiva. Grosso modo, o mesmo vale para a vesícula. O acúmulo de sentimentos negativos, ou o represamento da agressividade, bem como alimentação desequilibrada podem resultar em cálculos (pedras) na vesícula.

Em termos gerais, chacras são centros de energia físico-espirituais espalhados por diversos pontos dos corpos físico e espirituais que revestem o físico.

Nesse contexto, Xangô seria o regente do chacra cardíaco (o *anahata* de várias tradições espiritualistas e religiosas de origem indiana), das emoções, as quais, se não devem ser engolidas, precisam ser buriladas para que não se tornem destrutivas nem para o Eu nem para o próximo. O chacra cardíaco, o quarto dos sete ditos principais, seria o fiel da balança entre os três inferiores ("inferior": o que está abaixo) e superiores ("superior": o que está acima), interligando-os, de modo a demonstrar que o equilíbrio está na correlação entre o inferior e o superior, sem qualquer juízo depreciativo do que está abaixo em relação ao que está acima.

Localizado na porção superior do peito, quando ativo apresenta a cor verde. Seu elemento correspondente no mundo físico é o ar, enquanto seu som (bija), segundo segmentos religiosos/espirituais indianos, é YAM.

O centro físico do chacra cardíaco é o timo, responsável pela regulação do crescimento, pelo sistema linfático e por estimular e fortalecer o sistema imunológico. Trata-se do centro psicológico para a evolução do idealismo, da capacidade de amar e doar, da visão real do mundo, do autoconceito, além de constituir um ponto de transferência das energias dos chacras inferiores e superiores. Quando em desequilíbrio, produz, dentre outros, palpitação, arritmia cardíaca, rubor, ataque de pânico, pressão alta, intoxicação, problemas no nível de colesterol e acidose.

# Elemento e ponto de força

Pontos da natureza são pontos de forças naturais, tais como pedreiras, matas, cachoeiras etc. Pontos de força são locais que funcionam como verdadeiros portais para a Espiritualidade.

Cada centro de força corresponde a determinado Orixá, Guia ou Guardião, por afinidades de elementos. Além dos pontos da natureza, há outros como cemitérios e estradas, por exemplo.

O ponto de força/da natureza mais conhecido e afim com Xangô é a pedreira. Na tradição iorubá, incorporada pelo Candomblé, Xangô é associado às pedras que caem do céu (meteorito), muitas vezes com o intuito de fazer justiça (Conceito que deve ser compreendido guardadas as peculiaridades de tempo e espaço.) sobre e contra alguém.

Esse conceito, muitas vezes confundido com vingança, foi suavizado ao longo dos séculos, inclusive por influência do Cristianismo, seja no diálogo (por vezes tenso) com o Candomblé, seja no sincretismo na Umbanda.

Se a pedreira é símbolo de esforço e persistência, a pedra evoca força e resistência. Em seu aspecto sombra, a pedra pode representar o fechamento, o insulamento. Entretanto, conforme a sabedoria popular, "Água mole em pedra dura tanto bate até que fura.": não à toa uma das esposas de Xangô é Oxum, Orixá das águas doces, das cachoeiras e do Amor.

Por meio do fogo e das pedras, a magia de Xangô acontece, para o bem e para a luz. A manipulação desses elementos visa à cura, à abertura de caminhos e, sobretudo, à firmeza. Os relatos mitológicos, em sua simbologia atestam essa ligação do Orixá com o fogo e a pedra. Compreendê-los e interpretá-los à luz do símbolo ou ao pé da letra são duas posturas opostas complementares que nada invalidam a força e a beleza do Orixá.

A força de Xangô pelo fogo não se apresenta apenas na fogueira, mas também, de forma compacta, na magia da vela, que, acesa, é como pequena fogueira catalizadora. A pedra está presente no culto aos Orixás de várias formas, como por meio dos otás (pedras consagradas aos Orixás) utilizados em assentamentos (elementos da natureza, como pedras, e objetos, como moedas, que abrigam a força dinâmica de uma divindade, consagrados e alojados em continentes, como louça, por exemploe locais específicos) e firmezas[11].

Além disso, em muitas casas de Umbanda, é comum os filhos de fé baterem cabeça não diretamente no chão, mas numa pedra colocada aos pés do altar (peji ou congá), pedindo firmeza de cabeça a Xangô para o bom desempenho dos trabalhos mediúnicos (giras).

---

11. Cada firmeza é uma forma de segurança nos rituais de Umbanda, conforme suas Leis. Acender uma vela, por exemplo, representa, significa e aciona energias muito mais do que possa parecer. Com uma firmeza, estreita-se a relação com os Orixás, Guias, Entidades, Guardiões etc., além de proporcionar a eles campo de atuação mais específico. A firmeza não deve ser uma atitude mecânica, mas plena de fé, amor, devoção e consciência do que se está fazendo.

# Elementais

Os elementais são seres conhecidos nas mais diversas culturas, com características e roupagens mais ou menos semelhantes. Ligam-se aos chamados quatro elementos (terra, água, ar, fogo), daí sua importância ser reconhecida na Umbanda, a qual se serve dos referidos elementos, tanto em seus aspectos físicos quanto em sua contrapartida etérica.

### Elemento Terra

| | |
|---|---|
| Dríades | Trabalham nas florestas, diretamente nas árvores, ligam-se ao campo vibratório do Orixá Oxóssi. Possuem cabelos compridos e luminosos. |
| Gnomos | Trabalham no duplo etérico das árvores. |
| Fadas | Manipulam a clorofila das plantas (matizes e fragrâncias), de modo a formar pétalas e brotos. Associam-se à vida das células da relva e de outras plantas. |
| Duendes | Cuidam da fecundidade da terra, das pedras e dos metais preciosos e semipreciosos. |

### Elemento Água

| | |
|---|---|
| Sereias | Atuam nas proximidades de oceanos, rios e lagos, com energia e forma graciosas. |
| Ondinas | Atuam nas cachoeiras, auxiliando bastante nos trabalhos de purificação realizados pela Umbanda nesses pontos de força. |

### Elemento Ar

| | |
|---|---|
| Silfos | Apresentam asas, como as fadas, movimentando-se com grande rapidez. Atuam sob a regência de Oxalá. |

## Elemento Fogo

Salamandras — Atuam na energia ígnea solar e no fogo de modo geral. Apresentam-se como correntes de energia, sem se afigurarem propriamente como humanos.

O elemento do Orixá Xangô, por excelência, é o fogo, sua força criadora, transformadora e vital.

A manipulação do fogo foi de suma importância para que os seres humanos aprendessem a conviver com as sombras (haja vista o mito da caverna, segundo Platão), a se proteger de ataques, a aperfeiçoar técnicas de alimentação (vide o célebre estudo de Claude Lévi-Strauss intitulado *O cru e o cozido*) etc., de modo a garantir a sobrevivência da espécie.

O fogo também é o elemento transformador da alquimia e símbolo da transcendência da energia do físico para o espiritual. Nas sociedades tribais (e em rodas de amigos que revivem esse ritual em luaus, acampamentos e outros), o fogo agrega, aproxima, aquece por meio da fogueira, sempre ao centro.

Compreende-se, portanto, o porquê de Xangô ser Orixá da vida pulsante, da energia que precisa ser disciplinada para não ser destrutiva e, no lugar de vivificadora, tornar-se letal. É preciso saber lidar com o fogo: como reza célebre provérbio popular, "Quem brinca com fogo pode se queimar.".

Na tradição iorubá, Xangô, menino atrevido, cai nas brasas e brinca com ela, não se queima. Também Xangô é aquele que ensina os homens a cozinhar. Adulto, é também aquele que incendeia sua cidade acidentalmente, por não ter ainda aprendido a manipular seu elemento com sabedoria e discernimento, pendendo, assim, para a autossabotagem, a autodestruição. Contudo, a experiência não foi em vão: segundo os relatos mitológicos, a Oyó destruída acidentalmente por Xangô foi, como fênix renascida das cinzas, reconstruída.

# Incompatibilidades

As chamadas quizilas (Angola) ou euós (iorubá) são energias que destoam das energias dos Orixás, seja no tocante à alimentação, hábitos, cores etc. No caso da Umbanda, as restrições alimentares, de bebidas, cores etc. ocorrem nos dias de gira, em períodos e situações específicas.

Fora isso, tudo pode ser consumido, sempre de modo equilibrado. Ao contrário, no Candomblé, há, por exemplo, comidas (frutas, pratos e outros) de determinado Orixá que, em dadas circunstâncias (Orixá de cabeça, Orixá chefe do terreiro etc.) só devem ser consumidas no próprio terreiro, e não no dia a dia.

Caranguejo, feijão-branco e peixe de pele são algumas das incompatibilidades mais comuns a Xangô e, consequentemente, a seus filhos, como reza o Candomblé.

Contudo, as maiores incompatibilidades relacionadas a Xangô são a doença e a morte. As construções referentes aos mortos/antepassados, num terreiro de Candomblé, nunca devem estar próximas aos assentamentos de Xangô.

Segundo célebre relato mitológico, recontado por Reginaldo Prandi,

*Uma vez os sacerdotes do culto aos mortos convidaram Xangô a entrar no quarto de balé[12], onde estão fixados os espíritos dos ancestrais, e participar de todos os rituais. Xangô viu e inspecionou tudo o que havia lá dentro. Tudo o que era feito no secretíssimo espaço dos eguns[13]. Observou como os ritos eram celebrados e prestou atenção em tudo o que os ojés[14] diziam. Todos lhe recomendaram guardar total segredo sobre tudo o que testemunhou.*

*Mas Xangô, assim que saiu daquele lugar, contou tudo o que viu para todo mundo. Os ojés o expulsaram para sempre da sociedade deles e o proibiram permanentemente de voltar a pisar do quarto de balé, onde se celebra o espírito dos antepassados ilustres, onde se cultuam os eguns.*

*Lá dentro o poderio de Xangô não significa nada.*

O mesmo ímpeto vital de Xangô que o leva a transgredir o voto de silêncio, talvez por verdadeira fascinação pelo culto aos mortos a lhe exigir repassar as informações secretas para terceiros, não lhe permite ser vencido pela morte, daí os relatos mitológicos apontarem o Obá Kossô ("O rei não se enforcou!") como aquele que não morre, mas que se diviniza, juntamente com suas esposas.

---

12. Casa ou quarto de balé – local dos assentamentos dos ancestrais, em local afastado do terreiro.
13. Do iorubá "égun", "osso", "esqueleto", significa espírito, alma do desencarnado. Ao contrário do uso popular, não representa necessariamente espírito de vibrações deletérias, sem a acepção negativa, por exemplo, pode-se dizer que um Preto-Velho é um Egum.
14. Sacerdote do culto aos Egunguns.

Tal vitória sobre a morte se manifesta, ainda, por meio do enfrentamento direto. Reza a tradição que Iansã, a rainha dos eguns, auxilia Xangô, por meio de um estratagema, a se livrar dos mortos, aniquilando suas forças. Nas palavras de Reginaldo Prandi,

> *Xangô tinha pavor da morte.*
> *Xangô tinha horror dos mortos.*
> *Xangô temia os eguns mais que qualquer coisa.*
> *Certa vez Xangô viu-se perseguidos pelo eguns.*
> *Sua mulher Oiá foi em seu socorro.*
> *Ela conhecia um meio de acabar com aquela situação.*
> *Deu a Xangô nove espelhos*
> *onde ele faria os eguns verem refletidas suas próprias imagens.*
> *Sabia Oiá que a morte*
> *não suporta ver-se frente a frente,*
> *tal sua feiura.*
> *Quando os eguns acercaram-se de Xangô,*
> *Xangô os recebeu com seus espelhos.*
> *Os eguns se viram e se apavoraram.*
> *A visão era horrível.*
> *Os eguns saíram em disparada.*
> *Xangô os perseguiu sem trégua.*
> *Foram vencidos por Xangô com a ajuda de Oiá.*

Para Xangô, a morte é uma realidade que não se integra à vida, daí o pânico que a mesma lhe causa, diferentemente do que ocorre com Iansã, que transita pelo reino dos mortos sem prejuízo à energia vital que dela emana e à qual pertence, representada pelo fogo, pelos raios, pelo vento.

101

Paradoxalmente solidária a Xangô, a própria morte não deseja reconhecer-se: daí a fuga dos eguns quando se reconhecem nos 9 espelhos de Oyá. Nove é um dos números mais comuns a que Oyá se associa: "Iansã" é forma resumida de "Iya Messan Orun", isto é, "A Mãe dos Nove Céus".

De qualquer forma, as maiores incompatibilidades de Xangô são a mentira, a falsidade, a deslealdade.

# Ervas e flores

Fundamentais nos rituais de Umbanda, para banhos, defumações, chás e outros, as ervas devem ser utilizadas com orientação da Espiritualidade e do dirigente espiritual.

Não apenas os nomes das ervas variam de região para região, de casa para casa, mas também as maneiras de selecioná-las, manipulá-las e prepará-las. Daí a necessidade de orientação e direcionamento para seu uso ritualístico.

## Banhos

A água, enquanto elemento de terapêutica espiritual, é empregada em diversas tradições espirituais e/ou religiosas. Na Umbanda, em poucas palavras, pode-se dizer que a indicação, as formas de preparo, os cuidados, a coleta, sua ritualística ou a compra de folhas, dentre tantos aspectos, devem ser orientados pela Espiritualidade e/ou pela direção espiritual de uma casa.

As variações são muitas, contudo procuram atender a formas específicas de trabalhos, bem como aos fundamentos da Umbanda.

A seguir um quadro sintético dos tipos mais comuns de banhos empregados na Umbanda.

| | |
|---|---|
| Banhos de descarga/ descarrego | Servem para livrar a pessoa de energias deletérias, de modo a reequilibrá-la. Pode ser de ervas ou de sal grosso, ou, ainda, serem acrescidos outros elementos. |
| Banho de descarga com ervas | Após esse banho, as ervas devem ser recolhidas e despachadas na natureza ou em água corrente. Depois desse banho, aconselha-se um banho de energização. |
| Banho de sal grosso | Banho de limpeza energética, do pescoço para baixo, depois do qual comumente devem ser feitos banhos de energização, a fim de se equilibrarem as energias, visto que, além de retirar as negativas, também se descarregam as positivas. Alguns o substituem pelo próprio banho de mar. |
| Banhos de energização | Ativam as energias dos Orixás e Guias, afinando-as com as daquele que toma os banhos. Melhoram, portanto, a sintonia com a Espiritualidade, ativam e revitalizam funções psíquicas, melhoram a incorporação etc. |
| Amaci | Banho mais comum, da cabeça aos pés, ou só de cabeça, orientado por Entidades ou pelo Guia-chefe do dirigente espiritual. Existem também amacis periódicos para o corpo mediúnico, que ritualisticamente o toma. |
| Banho natural de cachoeira | Possui a mesma função dos banhos de mar, porém em água doce. O choque provocado pela queda d´água limpa energiza. Melhor ainda quando feito em cachoeiras próximas das matas e sob o Sol. |

| | |
|---|---|
| Banho natural de chuva | Limpeza de grande força, é associado ao Orixá Nanã. |
| Banho natural de mar | Muito bom para descarregos e energização, em especial sob a vibração de Iemanjá. |

## Sacudimentos

Ritual de limpeza espiritual com o intuito de expulsar energias negativas de pessoa ou ambiente.

Para tanto, empregam-se folhas fortes que são batidas na pessoa ou no ambiente ("surra"), pólvora queimada no local em que se realiza o ritual e, em algumas casas, comidas e aves em contato com a pessoa ou o ambiente, os quais serão posteriormente oferecidos aos eguns (as aves soltas, vivas).

O ritual é completado com banho, no caso de pessoa, e com a defumação do corpo ou do local do sacudimento.

No Candomblé e em algumas casas de Umbanda (geralmente as ditas cruzadas), também são utilizadas aves, que, depois do sacudimento, são soltas.

## Defumações

Uma das mais conhecidas formas de limpeza energética feita na Umbanda, a defumação ocorre não apenas no início dos trabalhos (especialmente das giras), mas em outros locais e circunstâncias onde se fizerem necessárias.

As maneiras de se defumar um terreiro ou outro local variam (em casa ou local de trabalho, por exemplo, fazendo ou não um percurso em X em cada cômodo). Contudo, no caso

de residência ou comércio, prevalece o hábito de se defumar dos fundos para a porta de entrada (limpeza) e da porta de entrada para os fundos (energização).

Com diversas variações, em virtude da diversidade litúrgica e terapêutica das religiões de matriz africana, associam-se a Xangô os seguintes elementos elencados abaixo.

- Ervas: erva-de-são-joão, erva-de-santa-maria, beti-cheiroso, nega-mina, alevante, cordão-de-frade, jarrinha, erva-de-bicho, erva-tostão, caruru, para-raio, umbaúba.
- Essência: cravo (a flor).
- Flores: cravos brancos e vermelhos.

# Planetas

Neste contexto, nem todo astro, segundo a Astronomia, é planeta, contudo essa é a terminologia mais comum nos estudos espiritualistas, esotéricos etc.

Há quem associe Xangô a Júpiter e ao Sol. A associação ao Sol se dá por Xangô ser Orixá do Fogo, de personalidade, digamos, leonina, signo zodiacal regido pelo Sol. Entretanto, o Astro-Rei geralmente aparece ligado a Oxalá, o Pai e Rei dos Orixás.

Quanto a Júpiter, embora seja reconhecida a supremacia de Oxalá, muitas vezes Xangô é associado ao Zeus grego, senhor dos raios, que, por sua vez, também aparece no panteão romano com características semelhantes, porém com o nome de Júpiter, sendo "Iupiter" nada mais do que a contração de "Zeus Pater".

# Algumas qualidades

Qualidades são tipos ou caminhos de determinado Orixá. São diversas as qualidades, com variações (Fundamentos, nações, casas, representações, entre Umbanda e Candomblé etc.). Enquanto, por exemplo, Iansã Topé caminha com Exu, Iansã Igbale caminha com Obaluaê. Xangô Airá, por sua vez, caminha com Oxalá.

Como são diversas as qualidades e variações, neste trabalho, optou-se por apresentar as qualidades como "algumas".

No caso de Xangô, as mais conhecidas, em especial no Candomblé, são:

- **Alufã:** Assemelha-se a Airá e, por vezes, é confundido com Oxalufã (Oxalá velho). Este Xangô veste branco e suas ferramentas são prateadas.
- **Alafim:** É o dono do palácio real, governante de Oyó. Tem ligação com Oxaguiã (Oxalá mais novo e guerreiro).
- **Afonjá:** É o dono do talismã mágico dado por Oyá por ordem de Obatalá (Oxalá). Caminha com sua mãe, Iemanjá. É patrono de um dos terreiros mais tradicionais e antigos da Bahia, o Ilê Axé Opô Afonjá, sendo o Xangô da casa real de Oyó.
- **Aganju:** Guerreiro, veste-se de marrom e tem estreita ligação com Iemanjá e os Ogbonis, membros de sociedade secreta de mesmo nome em terras iorubá.

- **Agodô:** Veste marrom, liga-se a Iemanjá e porta dois oxês.
- **Baru:** Usa marrom ou preto. Tem ligação com Iemanjá e Exu. Não come amalá.
- **Obaim:** Também se veste de marrom. Tem ligação com Oyá.
- **Oranfé:** Impiedoso e justiceiro, este Xangô habita a cidade de Ifé.
- **Obalubé**: O grande Obá, o grande rei. Tem ligação com as chamadas três esposas, Obá, Oxum e Oyá.
- **Airá:** Xangô mais velho, com fundamento com Oxalá, fazendo parte da família real de Ifé-Oyá. Veste branco e subdivide-se em:
    a) **Airá Intilé:** Aquele que carrega Oxalufã nas costas. Veste branco e azul claro.
    b) **Airá Igbonã:** Venerado como o Pai do Fogo, especialmente em junho, dança, acompanhado de Iansã, sobre brasas da fogueira (a chamada Fogueira de Airá).
    c) **Airá Modé:** Companheiro de Oxaguiã. Veste branco e não come dendê (a não ser um pingo). Em sua conta, usa-se segui.
    d) **Airá Adjaosi:** Ligado a Iemanjá, é um velho guerreiro. Veste branco.

Outros títulos ou nomes para Xangô, segundo alguns, trata-se de outras qualidades: Olorokê, Jakutá, Dadá, Ajaká, Oraniã, Orugã. Baiani seria irmão de Xangô, enquanto Detá seria o quinto Airá. Por sua vez, Axabó seria um Orixá feminino da família de Xangô, praticamente desconhecido, com exceção de algumas casas de Candomblé.

# Registros

A oralidade é bastante privilegiada no Candomblé, tanto para a transmissão de conhecimentos e segredos (os awós) quanto para a aprendizagem de textos ritualísticos. Nesse contexto, entre cantigas e rezas, que recebem nomes diversos conforme a Nação, destacam-se os itãs e os orikis.

Itãs são relatos míticos da tradição iorubá, notadamente associados aos 256 odus (16 odus principais X 16).

Conforme a tradição afro-brasileira, cada ser humano é ligado diretamente a um Odu, que lhe indica seu Orixá individual, bem como sua identidade mais profunda. Variações à parte (Nações, casas etc.), os dezesseis Odus principais são assim distribuídos:

| Caídas | Odus | Regências |
|---|---|---|
| 01 búzio aberto e 15 búzios fechados | Okanran | Fala: Exu<br>Acompanham: Xangô e Ogum |
| 02 búzios abertos e 14 búzios fechados | Eji-Okô | Fala: Ibejis<br>Acompanham: Oxóssi e Exu |
| 03 búzios abertos e 13 búzios fechados | Etá-Ogundá | Fala: Ogum |

| Caídas | Odus | Regências |
|---|---|---|
| 04 búzios abertos e 12 búzios fechados | Irosun | Fala: Iemanjá<br>Acompanham: Ibejis, Xangô e Oxóssi |
| 05 búzios abertos e 11 búzios fechados | Oxé | Fala: Oxum<br>Acompanha: Exu |
| 06 búzios abertos e 10 búzios fechados | Obará | Fala: Oxóssi<br>Acompanham: Xangô, Oxum, Exu |
| 07 búzios abertos e 09 búzios fechados | Odi | Fala: Omulu/Obaluaê<br>Acompanham: Iemanjá, Ogum, Exu e Oxum |
| 08 búzios abertos e 08 búzios fechados | Eji-Onilé | Fala: Oxaguiã |
| 09 búzios abertos e 07 búzios fechados | Ossá | Fala: Iansã<br>Acompanham: Iemanjá, Obá e Ogum |
| 10 búzios abertos e 06 búzios fechados | Ofun | Fala: Oxalufá<br>Acompanham: Iansã e Oxum |
| 11 búzios abertos e 05 búzios fechados | Owanrin | Fala: Oxumarê<br>Acompanham: Xangô, Iansã e Exu |
| 12 búzios abertos e 04 búzios fechados | Eji-Laxeborá | Fala: Xangô |
| 13 búzios abertos e 03 búzios fechados | Eji-Ologbon | Fala: Nanã Buruquê<br>Acompanha: Omulu/Obaluaê |

| Caídas | Odus | Regências |
|---|---|---|
| 14 búzios abertos e 02 búzios fechados | Iká-Ori | Fala: Ossaim<br>Acompanham: Oxóssi, Ogum e Exu |
| 15 búzios abertos e 01 búzio fechado | Ogbé-Ogundá | Fala: Obá |
| 16 búzios abertos | Alafiá | Fala: Orumilá |

O vocábulo "itã" quase não é empregado na Umbanda, contudo os relatos míticos/mitológicos se disseminam com variações, adaptações etc.

Uma das características da Espiritualidade do Terceiro Milênio é a (re)leitura e a compreensão do simbólico. Muitos devem se perguntar como os Orixás podem ser tão violentos, irresponsáveis e mesquinhos, como nas histórias aqui apresentadas. Com todo respeito aos que creem nesses relatos ao pé da letra, as narrativas são caminhos simbólicos riquíssimos encontrados para tratar das energias de cada Orixá e de valores pessoais e coletivos. Ao longo do tempo puderam ser ouvidas e lidas como índices religiosos, culturais, pistas psicanalíticas, oralitura e literatura.

Para vivenciar a espiritualidade das religiões de matriz africana de maneira plena, é preciso distinguir a letra e o espírito, não apenas no tocante aos mitos e às lendas dos Orixás, mas também aos pontos cantados, aos orikis etc.

Quando se desconsidera esse aspecto, existe a tendência de se desvalorizar o diálogo ecumênico e inter-religioso, assim como a vivência pessoal da fé. O simbólico é um grande instrumento para a reforma íntima, o autoaperfeiçoamento, a evolução.

Ressignificar esses símbolos, seja à luz da fé ou da cultura, é valorizá-los ainda mais, em sua profundidade e também em sua superfície, ou seja, em relação ao espírito e ao corpo, à transcendência e ao cotidiano, uma vez que tais elementos se complementam.

Um ouvinte/leitor mais atento à interpretação arquetípica psicológica (ou psicanalista) certamente se encantará com as camadas interpretativas da versão apresentada para o relato do ciúme que envolve Obá e Oxum em relação ao marido, Xangô.

Os elementos falam por si: Oxum simula cortar as duas orelhas para agradar ao marido; Obá, apenas uma. O ciúme, como forma de apego, é uma demonstração de afeto distorcida unilateral, embora, geralmente, se reproduza no outro, simbioticamente, pela lei de atração dos semelhantes, segundo a qual não há verdugo e vítima, mas cúmplices, muitas vezes inconscientes.

A porção mutilada do ser é a orelha, que na abordagem holística, associa-se ao órgão sexual feminino, ao aspecto do côncavo, e não do convexo. Aliás, *auricula* (*orelha*, em latim) significa, literalmente, *pequena vagina*. O fato de não haver relação direta entre latim e iorubá apenas reforça que o inconsciente coletivo e a sabedoria ancestral são comuns a todos e independem de tempo e espaço.

Na definição de Nei Lopes, oriki é: "Espécie de salmo ou cântico de louvor da tradição iorubá, usualmente declamado ao ritmo de um tambor, composto para ressaltar atributos e realizações de um orixá, um indivíduo, uma família ou uma cidade.".

Enquanto gênero, o oriki é constantemente trazido da oralitura para a literatura, sofrendo diversas alterações. Uma delas é o chamado orikai, termo cunhado por Arnaldo Xavier, citado por Antonio Risério:

> [...] para haicai (Poema de origem japonesa com características próprias, porém também com uma série de adaptações formais específicas à poesia de cada país.) que se apresente com oriki (Especialmente no que tange ao louvor e à ressignificação de atributos dos Orixás.).

Na Umbanda, os pontos cantados são alguns dos responsáveis pela manutenção da vibração das giras e de outros trabalhos. Verdadeiros mantras, mobilizam forças da natureza, atraem determinadas vibrações, Orixás, Guias e Entidades.

Com diversidade, o ponto cantado impregna o ambiente de determinadas energias enquanto o libera de outras finalidades, representa imagens e traduz sentimentos ligados a cada vibração, variando de Orixá para Orixá, Linha para Linha, circunstância para circunstância etc. Aliado ao toque e às palmas, o ponto cantado é um fundamento bastante importante na Umbanda e em seus rituais.

Em linhas gerais, dividem-se em pontos de raiz, trazidos pela Espiritualidade, e terrenos, elaborados por encarnados e apresentados à Espiritualidade, que os ratifica.

Há pontos cantados que migraram para a Música Popular Brasileira (MPB) e canções de MPB que são utilizadas como pontos cantados em muitos templos.

Exemplos de itãs, orikis, pontos cantados e músicas relacionados a Xangô.

## Itãs

Provavelmente o itã mais célebre de Xangô associado ao Odu Obará (o 6º dos 16 principais odus, ou caminhos, conforme a leitura mais tradicional dos jogo de búzios) seja este, recontado por Reginaldo Prandi,

> No princípio do mundo,
> Quinze odus reunidos foram procurar os babalaôs
> Para saber o que fazer para melhorar a vida.
> Foram todos os "odus" menos Xangô, que era um deles.
> Xangô não foi avisado por ninguém dessa reunião.
> Os babalaôs receitaram oferendas eficazes, mas
> Nenhum dos consulentes fez o ebó determinado.
>
> Xangô, porém, sabendo que fora menosprezado pelos outros "odus"
> E informado da fórmula prescrita pelo oráculo,
> Correu a preparar sozinho aquele ebó que os adivinhos pediram,
> Arriscando-se muito para realizar tal tarefa.
>
> Cinco dias depois desses acontecido,
> Os quinze "odus" foram à casa de Olofim-Olodumare
> E novamente não avisaram Xangô da visita,
> Porque o consideravam pobre e dele se envergonhavam.
>
> Os quinze odus saíram satisfeitos da casa de Olofim.
> Então quando já iam embora, Olofim os chamou
> e a cada um deu uma abóbora.
> Os quinze odus para não parecerem indelicados,
> Aceitaram os presentes e se foram.

*No caminho, sentiram fome e se lembraram de Xangô.*
*Rumaram para sua casa, que era perto de onde estavam.*
*Lá chegando, um deles cumprimentou Xangô, dizendo:*
*"Obará Meji, como vais de saúde?"*
*O que tens aí para comer, para mim e meus companheiros?*
*Todos estavam famintos, pois nada comeram na casa de Olofim.*

*Xangô os recebeu muito cordialmente,*
*E os quinze odus foram logo entrando e se servindo.*
*Enquanto eles comiam o que havia na casa,*
*A mulher de Xangô foi ao mercado*
*E trouxe muitos cestos de comida.*

*Assim, os quinze odus comeram até se fartar*
*E após a refeição deitaram-se em esteiras para a sesta.*
*No fim da tarde, quando foram embora,*
*Deixaram as abóboras pela boa recepção.*
*Mais tarde quando Xangô sentiu fome,*
*Sua mulher o repreendeu por sua generosidade extremada.*
*Tudo o que havia de comer fora dado aos odus*
*E nem sequer o trataram com a camaradagem dos colegas.*
*E não por não ter mais o que comer,*
*Xangô abriu uma das abóboras com a faca*
*E descobriu que dentro havia muitas pedras preciosas.*

*Xangô correu todo alegre e ansioso para mostrar aquelas pedras*
*A um comerciante de joias que as examinou atentamente e disse*
*Tratar-se de brilhantes e outras pedras preciosíssimas, sim.*
*Xangô foi para casa e abriu cada uma das abóboras*
*E cada uma continha um tesouro inimaginável.*
*Xangô tornou-se muito rico, o mais rico habitante do lugar.*
*Construiu um palácio e comprou cavalos das melhores raças.*

*Depois de um tempo, os odus voltaram à casa de Olofim.*
*Xangô também se dirigiu à casa do grande rei e não foi só.*
*Foi acompanhado de grande comitiva e muita pompa.*
*Olofim, vendo todo aquele alvoroço de lacaios,*
*pajens e acompanhantes, quis saber quem vinha lá*
*com majestoso préstito.*

*Era Xangô, e ele era agora um homem rico, muito rico.*
*Os quinze odus estavam embasbacados com*
*a ostentação do odu pobre.*
*Olofim perguntou então aos quinze odus*
*O que haviam feito das abóboras*
*E todos se apressaram em responder que*
*as tinham dado a Xangô.*

*Então Olofim disse que dentro de cada uma delas existia uma*
*Fortuna que ele pessoal e generosamente destinara a cada*
*Um de seus filhos, os odus, mas quisera a sorte*
*Que tudo fosse somente de Xangô, o odu ObaráMeji.*
*Xangô era então mais rico do que qualquer um dos odus.*

*Xangô era então mais rico do que todos os odus juntos.*
*Os odus estavam inconsoláveis e pediram que Olofim*
*Fizesse justiça, queriam de volta as abóboras com suas heranças.*
*Para felicidade de Xangô a justiça já tinha sido feita*
*E foi este o veredicto final de Olofim.*

## Orikis

Os orikis são transcriações literárias de Antonio Risério a partir do iorubá:

**Oriki de Xangô 1**

*Lasca e racha paredes*
*Racha e crava pedras de raio*
*Encara feroz quem vai comer*
*Fala com o corpo todo*
*Faz o poderoso estremecer*
*Olho de brasa viva*
*Castiga sem ser castigado*
*Rei que briga e me abriga*

**Oriki de Xangô 3 (fragmentos)**

*Afonjá, chefe de Kossô, a folha já fortalece*
*Aquele que dansa entre crianças*
*Faz o fogo vingar sem que se veja*
*E só notamos o talo das folhas estalando*
*Derruba no barro quem é burro*
*Ninguém pode corromper o nosso ori*
*Senhor do saber, olho brilhante*
*Ele fende além o alto céu*
*Murro no muro da mentira*
*Mata varando o olho do mentiroso*
*Mata selando porta e porto*
*Mata quem não sabe pensar*
*Alaganju, destelha casa alheia e atelha a sua*
*Água ao lado do fogo no seio do céu*
*Alado escala rápido o alto céu*
*Faz o fogo cair do meio do céu*

Nesses orikis Xangô aparece como justiceiro, com sua força, por meio das pedras e do fogo, num senso de justiça que se aproxima da Lei do Talião (olho por olho, dente por dente), a qual precisa ser compreendida no contexto cultural em que os orikis foram concebidos.

Por outro lado, Xangô é também aquele que celebra a vida e "*dansa* entre crianças" (Risério opta pela grafia "dança" por acreditar ser a letra "s" mais de acordo para o vocábulo, interpenetrando, assim, forma e conteúdo, em feliz coreografia) e "fala com o corpo todo", de modo elegante, viril e eloquente.

### *Pontos cantados*

*Pedra rolou, Pai Xangô, lá na pedreira*
*Afirma ponto, meu Pai, na cachoeira*
*Tenho meu corpo fechado*
*Xangô é meu protetor*
*Segura pemba, meu filho,*
*Pai de cabeça chegou*

Xangô aparece em seu ponto de força (pedras/cachoeira com pedras). Protetor, o ponto cantado sugere que o filho risque o ponto de Xangô (pai) com pemba, espécie de giz comum em rituais em religiões de matriz africana, o qual, por sua origem (calcário), embora associado de modo geral aos Orixás, Guias e Entidades, não deixa de ligar-se diretamente a Xangô.

Muito mais do que meio de identificação de Orixás, Guias e Entidades, os pontos riscados constituem fundamento de Umbanda, sendo instrumentos de trabalhos magísticos, riscados com pemba (giz), bordados em tecidos etc. Funcionam como chaves, meios de comunicação entre os planos, proteção, tendo, ainda, diversas outras funções, tanto no plano dos encarnados quanto no da Espiritualidade.

*Estava olhando a pedreira*
*Uma pedra rolou*
*Ela veio rolando*
*Bateu em meu pés*
*E se fez uma flor*
*Quem foi que disse*
*Que eu não sou filho de Xangô?*
*Ele mostra a verdade*
*Se atira uma pedra*
*Ela vira uma flor*
*Toda verdade de justiça e proteção*
*Filho de Pai Xangô ninguém joga no chão*
*Quantos lírios já plantei no meu jardim*
*Cada pedra atirada é um lírio pra mim*

Ponto cantado em que Xangô aparece a ensinar que as pedras (seu elemento), geralmente associadas às dificuldades, pela força do Orixá, transformam-se em lírio (flor que evoca Xangô).

As lições trazidas pelas dificuldades fortalecem e são belas. Xangô, Orixá que mostra a verdade (já em África aparece em oposição à mentira), não permite que seus filhos (leia-se "todos os filhos") caiam no chão indevidamente e/ou aí fiquem sem se levantar mais experientes e sábios.

*Lá em cima daquela pedreira*
*Tem um lírio de meu Pai Xangô*
*Kaô, Kaô*
*Kaô Cabecile, meu Pai!*

Há versões deste ponto em que, em vez de "lírio", aparece "livro". Vimos a importância do livro como elemento simbólico de Xangô e como aparece em diversas das relações sincréticas do Orixá para com santos católicos e Moisés.

## Mpb

Para não tirar o sabor da pesquisa por parte do leitor, não se fez análise minuciosa das letras das canções, nem a exploração sistemática do vocabulário etc.

Ao contrário, o leitor, ao ouvir as canções, terá acesso à completude das composições e, mesmo sem conhecer o significado de todas as palavras (o que poderá ser verificado posteriormente), poderá sentir o prazer dos trocadilhos, jogos sonoros (rimas, aliterações e outros).

**Canto de Xangô**
(Vinicius de Moraes e Baden Powell)

*Eu vim de bem longe, eu vim, nem sei mais de onde é que eu vim*
*Sou filho de rei muito lutei pra ser o que eu sou*
*Eu sou negro de cor, mas tudo é só amor em mim*
*Tudo é só amor, para mim*
*Xangô Agodô*
*Hoje é tempo de amor*
*Hoje é tempo de dor, em mim*
*Xangô Agodô*

Refrão (2 vezes)
*Salve, Xangô, meu Rei Senhor*
*Salve meu Orixá*
*Tem sete cores sua cor*
*sete dias para a gente amar*

*Mas amar é sofrer*
*Mas amar é morrer de dor*
*Xangô, meu Senhor, saravá!*
*Me faça sofrer*
*Ah, me faça morrer*
*Mas me faça morrer de amar*
*Xangô, meu Senhor, saravá!*
*Xangô Agodô!*

Um dos célebres afro-sambas de Vinícius de Moraes e Baden Powell (Os Afrosambas, 1966), gravado por diversos intérpretes. Em diversos projetos que coordenei, peço sempre que o verso "Eu sou negro de cor, mas tudo é só amor em mim." seja substituído por "Eu sou negro de cor e tudo é só amor em mim." para que não haja interpretações equivocadas a respeito da exaltação do negro, em cuja cor, segundo o texto, haveria sete cores, o que pode ser lido e interpretado como a síntese, o amálgama da cultura popular, do povo negro, da Bahia, que tanto encantou Vinícius de Moraes, das religiões de matriz africana.

**Xangô te xinga**
(Leandro Medina)

*Sim, você sabe*
*Por tudo que fiz*
*Basta você sentir saudades*
*Que eu tô na linha*

*Nesse caso dava pra dizer*
*Revigorou o fino frio*
*De longe, de onde o amor vinha*

*Aí fiz você pra ver e ouvir*
*Combinei melodias sutis*
*Maracatu correrás*
*Pro amor que eu vou dizer*
*Presente en toda mi vida*

*Segura o pranto quem chorou*
*Xangô te xinga*
*Segura o pranto quem chorou fui eu*
*Virou no santo que baiou*
*Sambou neguinha*
*E, no entanto, quem dançou fui eu*

Sucesso do CD "Quando o céu clarear" (2007), de Fabiana Cozza, usa das aliterações (XANgô te XINga) para tratar de amor interrompido, com o Orixá, de modo divertido, posto que incisivo (xingamento), chamando à razão a voz poética, ou para não se perder na mágoa e em lamentações, ou por haver, sim, perdido o amor, o sujeito de suas afeições.

**Xangô**
(Toni Costa, Lan Lan, Mart´nália)

*Baba nagô*
*Xangô mandou chamar*
*Baba nagô*
*Xangô mandou chamar*
*Obá yaô*
*No toque de orixá*
*Xangô! Xangô!*
*Vem ver o sol raiar*
*Vem madrugar*
*Pras águas de oxalá*
*Logunedé tá de lança*
*Oxóssi vai caçar*
*Baba nagô também trança*
*Palha pra enfeitar*
*Xangô! Xangô!*
*Xangô mandou chamar*
*Oxum já vem*
*Cantando seu ylá*

*Vem pro tempo*
*Abre o leque pras moças sambar*
*Ela vem pro terreiro formosa*
*Partideiro vai se apaixonar*
*Babanagô*
*Xangô mandou chamar*

*Obá yaô*
*No toque de orixá*
*Iluminada noite,*
*Lua cheia que chegou*
*A madrugada trouxe*
*O batuque de Xangô*

Faixa do CD "Hoje de noite" (2008) da Banda Moinho, Xangô é o grande agregador dos demais Orixás, todos chamados por ele para o batuque, o xirê, o samba.

### Três Coruna
(Tradição afro-brasileira – adaptação de Tatá Monalê e Carlinhos Brown)

*Xangô três coruna*
*Vem da Ilha de Nagô*
*Ninguém sabe se onde*
*Eu venho*

*Ninguém sabe de onde*
*Eu sou*
*Xangô três coruna*
*Vem da Ilha de Nagô*

Lindo registro/resgate no CD "Candombless" (2010), de Carlinhos Brown. Observe-se o neologismo criado por Brown: Candombless = Candomblé + tobless (benzer, em inglês). Nesse CD-bênção, não poderia faltar essa linda homenagem a Xangô.

### Babá Alapalá
(Gilberto Gil)

*Aganju, Xangô*
*Alapalá, Alapalá, Alapalá*
*Xangô, Aganju*

*O filho perguntou pro pai:*
*"Onde é que tá o meu avô*
*O meu avô, onde é que tá?"*

*O pai perguntou pro avô:*
*"Onde é que tá meu bisavô*
*Meu bisavô, onde é que tá?"*

*Avô perguntou bisavô:*
*"Onde é que tá tataravô*
*Tataravô, onde é que tá?"*

*Tataravô, bisavô, avô*
*Pai Xangô, Aganju*
*Viva egum, babá Alapalá!*

*Aganju, Xangô*
*Alapalá, Alapalá, Alapalá*
*Xangô, Aganju*

*Alapalá, egum, espírito elevado ao céu*
*Machado alado, asas do anjo Aganju*
*Alapalá, egum, espírito elevado ao céu*
*Machado astral, ancestral do metal*
*Do ferro natural*
*Do corpo preservado*
*Embalsamado em bálsamo sagrado*
*Corpo eterno e nobre de um rei nagô*
*Xangô*

Esta canção de Gilberto Gil, do disco "Gilberto Gil" (1971), gravada por diversos intérpretes, evoca o sentido de ancestralidade, por meio do arquétipo de Xangô em seu aspecto mítico-histórico.

# Orações

Na oração, mais importantes que as palavras são a fé e o sentimento. Entretanto, as palavras têm força e servem como apoio para expressar devoção, alegria, angústias etc.

Vale lembrar que, tanto na letra (palavras) quanto no espírito (motivação, sentimento), JAMAIS uma prece deve ferir o livre-arbítrio de outrem.

Ademais, ao orar, deve-se também abrir o coração para ouvir as respostas e os caminhos enviados pela Espiritualidade de várias maneiras, durante a própria prece, e ao longo de inúmeros momentos e oportunidades ao longo do dia e da caminhada evolutiva de cada um.

No tocante às orações católicas, as mesmas devem ser compreendidas no contexto dos dogmas e preceitos dessa religião, embora, quem faça uso das mesmas, nem sempre se valha dos conceitos ao pé da letra.

### Prece a Xangô

Senhor de Oyó,
Pai justiceiro e dos incautos,
Protetor da fé e da harmonia,
Kaô Cabecilê do Trovão.
Kaô Cabecilê da Justiça.

Kaô Cabecilê, meu Pai Xangô.
Morador no alto da pedreira,
Dono de nossos destinos.
Livrai-nos de todos os males,
De todos os inimigos visíveis e invisíveis,
Hoje e sempre, Kaô, meu Pai.

**Oração a Xangô**

Kaô, meu Pai, Kaô.
O senhor, que é o Rei da Justiça,
Faça valer por intermédio
De seus doze ministros a vontade divina.
Purifique minha alma na cachoeira.
Se errei, conceda-me a luz do perdão.
Faça de seu peito largo e forte
Meu escudo,
Para que os olhos de meus inimigos
Não me encontrem.
Empreste-me sua força de guerreiro
Para combater a injustiça e a cobiça.
Minha devoção ofereço.
Que seja feita a justiça para todo o sempre.
O senhor é meu Pai e meu defensor.
Conceda-me a graça de receber sua luz
E de merecer sua proteção.
Kaô, meu Pai Xangô, Kaô.

**Proteção de Xangô**

Senhor meu Pai, o infinito é tua grande morada no espaço; teu ponto de energia é nas pedras das cachoeiras.

Com tua justiça fizeste uma construção digna de grande rei.

Meu Pai Xangô, tu que és defensor da justiça de Deus e dos homens, dos vivos e dos além-morte, tu, com tua machadinha de ouro, defendes-me das injustiças, acobertando-me das mazelas, das dívidas, dos perseguidores mal-intencionados. Proteja-me, meu glorioso São Judas Tadeu, Pai Xangô na Umbanda.

Sê sempre justiceiro nos caminhos em que eu venha a passar. Com a força desta prece, sempre contigo estarei, me livrando do desespero e da dor, dos inimigos e dos invejosos, dos indivíduos de mau caráter e dos falsos amigos.

Axé.

# Legislação

Como visto, a Umbanda, oficialmente, nasce do brado de um Caboclo, o Caboclo das Sete Encruzilhadas.

Em memória a esse fato, vejam-se alguns importantes marcos legais para o respeito à liberdade de culto das religiões de matriz africana:

- Constituição Federal de 1988 – artigos 3º, 4º, 5º, 215 e 216;
- Lei 9.459, de 13 de maio de 1997 (injúria racial);
- Lei 10.639, de 09 de janeiro de 2003 (Obrigatoriedade da inclusão da temática História e Cultura Afro-brasileira no currículo oficial da rede de ensino.);
- Lei 10.678, de 23 de maio de 2003 (Cria a Secretaria de Políticas de Promoção da Igualdade Racial.);
- Decreto 4.886, de 20 de novembro de 2003 (Instituição da Política Nacional de Promoção da Igualdade Racial.);
- Decreto 5.051, de 19 de abril de 2004 (Promulgação da Convenção 169 da Organização Internacional do Trabalho.);
- Resolução número 1, de 17 de junho de 2004, do Conselho Nacional de Educação (Diretrizes curriculares para educação das relações étnico-raciais e para o ensino de história e cultura afro-brasileira e africana.);

- Decreto 6.040, de 07 de fevereiro de 2007 (Instituição da Política Nacional de Desenvolvimento Sustentável dos Povos e Comunidades Tradicionais.);
- Decreto 6.177, de 1º de agosto de 2007 (Promulga a Convenção sobre a Proteção e Promoção da Diversidade das Expressões Culturais da Organização das Nações Unidas para a Educação, a Ciência e a Cultura – UNESCO.);
- Portaria 992, de 13 de maio de 2009 (Instituição da Política Nacional de Saúde Integral da População Negra.);
- Decreto 6.872, de 04 de junho de 2009 (Instituição do Plano Nacional de Promoção da Igualdade Racial.);
- Lei 12.288, de 20 de julho de 2010 (Estatuto da Igualdade Racial);
- Decreto 7.271, de 25 de agosto de 2010 (Diretrizes e objetivos da Política Nacional de Segurança Alimentar e Nutricional.).
- No dia 16 de maio de 2012 foi instituído pela presidenta Dilma Rousseff o dia Nacional da Umbanda (Lei 12.644). O projeto original é do deputado federal Carlos Santana (PL 5.687/2005). A data celebra as comunicações do Caboclo das Sete Encruzilhadas, por meio de Zélio Fernandino de Moraes, numa sessão espírita, quando o referido Caboclo anunciou sua missão seria estabelecer um culto em que espíritos de negros e índios pudessem trabalhar conforme as diretrizes do Astral. Mesmo antes da instituição da lei federal, diversas cidades brasileiras, amparadas por leis municipais, já comemoravam oficialmente a data.

# Bibliografia

## Livros

AFLALO, Fred. *Candomblé: uma visão do mundo*. São Paulo: Mandarim, 1996. 2ª ed.

BARBOSA JÚNIOR, Ademir. *A Bandeira de Oxalá – pelos caminhos da Umbanda*. São Paulo: Nova Senda, 2013.

_____. *Curso essencial de Umbanda*. São Paulo: Universo dos Livros, 2011.

_____. *O essencial do Candomblé*. São Paulo: Universo dos Livros, 2011.

_____. *Guia prático de plantas medicinais*. São Paulo: Universo dos Livros, 2005.

_____. *Mitologia dos Orixás: lições e aprendizados*. São Bernardo do Campo: Anúbis, 2014.

_____. *Nanã*. São Bernardo do Campo: Anúbis, 2014.

_____. *Novo Dicionário de Umbanda*. São Paulo: Nova Senda, 2014.

_____. *Obaluaê*. São Bernardo do Campo: Anúbis, 2014.

_____. *Oxumaré*. São Bernardo do Campo: Anúbis, 2014.

_____. *Para conhecer a Umbanda*. São Paulo: Universo dos Livros, 2013.

_____. *Para conhecer o Candomblé*. São Paulo: Universo dos Livros, 2013.

_____. *Reiki: A Energia do Amor*. São Paulo: Nova Senda, 2014.

_____. *Transforme sua vida com a Numerologia*. São Paulo: Universo dos Livros, 2006.

_____. *Umbanda – um caminho para a Espiritualidade*. São Bernardo do Campo: Anúbis, 2014.

_____. *Xangô*. São Paulo: Universo dos Livros, 2013.

_____. *Xirê: orikais – canto de amor aos orixás*. Piracicaba: Editora Sotaque Limão Doce, 2010.

BARCELLOS, Mario Cesar. *Os Orixás e a personalidade humana*. Rio de Janeiro: Pallas, 2007. 4ª ed.

BORDA, Inivio da Silva et al. (org.). *Apostila de Umbanda*. São Vicente: Cantinho dos Orixás, s/d.

CABOCLO OGUM DA LUZ (Espírito). *Ilê Axé Umbanda*. São Bernardo do Campo: Anúbis, 2011. Psicografado por Evandro Mendonça.

CACCIATORE, Olga Gudolle. *Dicionário de Cultos Afro-brasileiros*. Rio de Janeiro: Forense Universitária, 1977.

CAMARGO, Adriano. *Rituais com ervas: banhos, defumações e benzimentos*. Rio de Janeiro: Livre Expressão, 2013. 2ª ed.

CAMPOS JR., João de. *As religiões afro-brasileiras: diálogo possível com o cristianismo*. São Paulo: Editora Salesiana Dom Bosco, 1998.

CARYBÉ. *Iconografia dos deuses africanos no Candomblé da Bahia*. São Paulo: Editora Raízes, 1980. (Com textos de Jorge Amado, Pierre Verger e Valdeloir Rego.)

CHEVALIER, Jean e GHEERBRANT, Alain (orgs.). *Dicionário de símbolos*. Rio de Janeiro: José Olympio, 2008. Tradução: Vera da Costa e Silva et al. 22 ed.

CIPRIANO DO CRUZEIRO DAS ALMAS (Espírito). *O Preto Velho Mago: conduzindo uma jornada evolutiva*. São Paulo: Madras, 2014. Psicografado por André Cozta.

CONGO, Pai Thomé do (Espírito). *Relatos umbandistas*. São Paulo: Madras, 2013. Anotações por André Cozta.)

CORRAL, Janaína Azevedo. *As Sete Linhas da Umbanda*. São Paulo: Universo dos Livros, 2010.

_____. *Tudo o que você precisa saber sobre Umbanda* (volumes 1, 2 e 3). São Paulo: Universo dos Livros, 2010.

FAUR, Mirella. *Mistérios nórdicos: deuses, runas, magias, rituais.* São Paulo: Pensamento, 2007.

FERAUDY, Roger. (Obra mediúnica orientada por Babajiananda/PaiTomé.) *Umbanda, essa desconhecida.* Limeira: Editora do Conhecimento, 2006. 5ª ed.

D´IANSÃ, Eulina. *Reza forte.* Rio de Janeiro: Pallas, 2008. 4ª ed.

LEONEL (Espírito) e Mônica de Castro (médium). *Jurema das Matas.* São Paulo: Vida & Consciência, 2011.

LIMAS, Luís Filipe de. *Oxum: a mãe da água doce.* Rio de Janeiro: Pallas, 2007.

LINARES, Ronaldo (org.). *Iniciação à Umbanda.* São Paulo: Madras, 2008.

_____. *Jogo de Búzios.* São Paulo: Madras, 2007.

LOPES, Nei. *Enciclopédia brasileira da Diáspora Africana.* São Paulo: Selo Negro, 2004.

LOURENÇO, Eduardo Augusto. *Pineal, a glândula da vida espiritual – as novas descobertas científicas.* Limeira: Editora do Conhecimento, 2010.

MAGGIE, Yvonne. *Guerra de Orixá: um estudo de ritual e conflito.* Rio de Janeiro: Jorge Zahar Editor, 2001. 3ª ed.

MALOSSINI, Andrea. *Dizionario dei Santi Patroni.* Milano: Garzanti, 1995.

MARTÍ, Agenor. *Meus oráculos divinos: revelações de uma sibila afro-cubana.* Rio de Janeiro: Bertrand Brasil, 1994. (Tradução de Rosemary Moraes.)

MARTINS, Cléo. *Euá.* Rio de Janeiro: Pallas, 2001.

_____. *Nanã.* Rio de Janeiro: Pallas, 2001.

MARTINS, Giovani. *Umbanda de Almas e Angola.* São Paulo: Ícone, 2011.

_____. *Umbanda e Meio Ambiente.* São Paulo: Ícone, 2014.

MARSICANO, Alberto e VIEIRA, Lurdes de Campos. *A Linha do Oriente na Umbanda*. São Paulo: Madras, 2009.

MOURA, Carlos Eugênio M. de (org). *Candomblé: religião do corpo e da alma*. Rio de Janeiro: Pallas, 2000.

_____. *Culto aos Orixás, Voduns e Ancestrais nas Religiões Afro-brasileiras*. Rio de Janeiro: Pallas, 2006.

MUNANGA, Kabengelê e GOMES, Nilma Lino. *Para entender o negro no Brasil de hoje: história, realidades, problemas e caminhos*. São Paulo: Global: Ação Educativa Assessoria, Pesquisa e Informação, 2004.

NAPOLEÃO, Eduardo. *Yorùbá – para entender a linguagem dos orixás*. Rio de Janeiro: Pallas, 2010.

NASCIMENTO, Elídio Mendes do. *Os poderes infinitos da Umbanda*. São Paulo: Rumo, 1993.

NEGRÃO, Lísias. *Entre a cruz e a encruzilhada*. São Paulo: Edusp, 1996.

OMOLUBÁ. *Maria Molambo na sombra e na luz*. São Paulo: Cristális, 2002. 10ª ed.

ORPHANAKE, J. Edson. *Os Pretos-Velhos*. São Paulo: Pindorama, 1994.

OXALÁ, Miriam de. *Umbanda: crença, saber e prática*. Rio de Janeiro: Pallas, 2007. 2ª ed.

PARANHOS, Roger Bottini (Ditado pelo espírito Hermes.). *Universalismo crístico*. Limeira: Editora do Conhecimento, 2007.

PIACENTE, Joice (médium). *Dama da Noite*. São Paulo: Madras, 2013.

_____. *Sou Exu! Eu sou a Luz*. São Paulo: Madras, 2013.

PINTO, Altair. *Dicionário de Umbanda*. Rio de Janeiro: Livraria Editora Eco, 1971.

PIRES, Edir. *A Missionária*. Capivari: Editora EME, 2006.

PORTUGAL FILHO, Fernandez. *Magias e oferendas afro-brasileiras*. São Paulo: Madras, 2004.

PRANDI, Reginaldo. *Mitologia dos Orixás*. São Paulo: Companhia das Letras, 2001.

RAMATÍS (Espírito) e PEIXOTO, Norberto (médium). *Chama crística*. Limeira: Editora do Conhecimento, 2004. 3ª ed.

_____. *Diário mediúnico*. Limeira: Editora do Conhecimento, 2009.

_____. *Evolução no Planeta Azul*. Limeira: Editora do Conhecimento, 2005. 2ª ed.

_____. *Mediunidade e sacerdócio*. Limeira: Editora do Conhecimento, 2010.

_____. *A Missão da Umbanda*. Limeira: Editora do Conhecimento, 2006.

_____. *Umbanda de A a Z*. Limeira: Editora do Conhecimento, 2011. (Org.: Sidnei Carvalho.)

_____. *Umbanda pé no chão*. Limeira: Editora do Conhecimento, 2005.

_____. *Vozes de Aruanda*. Limeira: Editora do Conhecimento, 2005. 2ª ed.

RIBEIRO, Darcy. *O povo brasileiro: a formação e o sentido do Brasil*. São Paulo: Companhia das Letras, 1995. 2ª ed.

RISÉRIO, Antonio. *Oriki Orixá*. São Paulo: Perspectiva, 1996.

RUDANA, Sibyla. *Os mistérios de Sara: o retorno da Deusa pelas mãos dos ciganos*. São Paulo: Cristális, 2004.

SAMS, Jamie. *As cartas do caminho sagrado*. Rio de Janeiro: Rocco, 2003. (Tradução de Fabio Fernandes.)

SALES, Nívio Ramos. *Búzios: a fala dos Orixás*. Rio de Janeiro: Pallas, 2005. 2ª ed.

SANTANA, Ernesto (Org.). *Orações umbandistas de todos os tempos*. Rio de Janeiro: Pallas, 2006. 4ª ed.

SANTOS, Orlando J. *Orumilá e Exu*. Curitiba, Editora Independente, 1991.

SARACENI, Rubens. *Rituais umbandistas: oferendas, firmezas e assentamentos.* São Paulo: Madras, 2007.

SELJAN, Zora A. O. *Iemanjá: Mãe dos Orixás.* São Paulo: Editora Afro-brasileira, 1973.

SILVA, Carmen Oliveira da. *Memorial Mãe Menininha do Gantois.* Salvador: Ed. Omar G., 2010.

SILVA, Vagner Gonçalves da. *Candomblé e Umbanda: caminhos da devoção brasileira.* São Paulo: Ática, 1994.

SOUZA, Leal de. *O Espiritismo, A Magia e As Sete Linhas de Umbanda.* Limeira: Editora do Conhecimento, 2008. 2ª ed.

_____. *Umbanda Sagrada.* São Paulo: Madras, 2006. 3ª ed.

SOUZA, Marina de Mello. *África e Brasil Africano.* São Paulo: Ática, 2008.

SOUZA, Ortiz Belo de. *Umbanda na Umbanda.* São Paulo: Editora Portais de Libertação, 2012.

TAQUES, Ivoni Aguiar (Taques de Xangô). *Ilê-Ifé: de onde viemos.* Porto Alegre: Artha, 2008.

TAVARES, Ildásio. *Xangô.* Rio de Janeiro: Pallas, 2002. 2ª ed.

VVAA. *Educação Ambiental e a Prática das Religiões de Matriz Africana.* Piracicaba, 2011. (cartilha)

VVAA. *Orientações e Ações para a Educação das Relações Étnico-Raciais.* Brasília: SECAD, 2006.

VVAA. *Plano Nacional de Desenvolvimento Sustentável dos Povos e Comunidades Tradicionais de Matriz Africana 2013-2015.* Brasília: Secretaria de Políticas de Promoção da Igualdade Racial, 2013.

VERGER, Pierre. *Orixás – deuses iorubás na África e no Novo Mundo.* Salvador: Corrupio, 2002. (Tradução de Maria Aparecida da Nóbrega.) 6ª ed.

WADDELL, Helen (tradução). *Beasts and Saints.* London: Constable and Company Ltd., 1942.

## Jornais e revistas

*A sabedoria dos Orixás – volume I*, s/d.
*Folha de São Paulo*, 15 de julho de 2011, p. E8.
*Jornal de Piracicaba*, 23 de janeiro de 2011, p. 03.
*Revista Espiritual de Umbanda* – número 02, s/d.
*Revista Espiritual de Umbanda* – Especial 03, s/d.
*Revista Espiritual de Umbanda* – número 11, s/d.

## Sítios na internet

http://alaketu.com.br
http://aldeiadepedrapreta.blogspot.com
http://answers.yahoo.com
http://apeuumbanda.blogspot.com
http://babaninodeode.blogspot.com
http://catolicaliberal.com.br
http://centropaijoaodeangola.net
http://colegiodeumbanda.com.br
http://comunidadeponteparaaliberdade.blogspot.com.br
http://espaconovohorizonte.blogspot.com.br/p/aumbanda-umbanda-esoterica.html
http://eutratovocecura.blogspot.com.br
http://fogoprateado-matilda.blogspot.com.br
http://umbandadejesus.blogspot.com.br
http://fotolog.terra.com.br/axeolokitiefon
http://jimbarue.com.br
http://juntosnocandomble.blogspot.com
http://letras.com.br
http://luzdivinaespiritual.blogspot.com.br
http://mundoaruanda.com
http://ocandomble.wordpress.com

http://ogumexubaraxoroque.no.comunidades.net
http://okeaparamentos.no.comunidades.net
http://opurgatorio.com
http://orixasol.blogspot.com
http://oyatopeogumja.blogspot.com
http://povodearuanda.blogspot.com
http://povodearuanda.com.br
http://pt.fantasia.wikia.com
http://pt.wikipedia.org
http://religioesafroentrevistas.wordpress.com
http://templodeumbandaogum.no.comunidades.net
http://tuex.forumeiros.com
http://xango.sites.uol.com.br
http://www1.folha.uol.com.br
http://www.brasilescola.com
http://www.desvendandoaumbanda.com.br
http://www.dicio.com.br
http://www.genuinaumbanda.com.br
http://www.guardioesdaluz.com.br
http://www.igrejadesaojorge.com.br
http://www.ileode.com.br
http://www.kakongo.kit.net
http://www.maemartadeoba.com.br
http://www.oldreligion.com.br
http://www.oriaxe.com.br
http://www.orunmila.org.br
http://www.pescanordeste.com.br
http://www.priberam.pt
http://www.religiosidadepopular.uaivip.com.br
http://www.siteamigo.com/religiao
http://www.terreirodavobenedita.com
http://www.tuccaboclobeiramar.com.br

# O autor

Ademir Barbosa Júnior (Dermes) é autor de diversos livros e revistas especializadas, idealizador e um dos coordenadores do Fórum Municipal das Religiões Afro-brasileiras de Piracicaba.

Mestre em Literatura Brasileira pela Universidade de São Paulo, onde também se graduou em Letras, é autor de diversos livros. Mestre em Reiki, é tarólogo e numerólogo.

Umbandista, é filho do Templo de Umbanda Caboclo Pena Branca e Mãe Nossa Senhora Aparecida, em Piracicaba (SP). Terapeuta holístico, ex-seminarista salesiano, com vivência em casas espíritas, participa amorosamente do diálogo ecumênico e inter-religioso e mantém uma coluna sobre Espiritualidade no sítio Mundo Aruanda.

Coordenador Cultural do "Projeto Tambores no Engenho", desenvolvido pela Federação de Umbanda e Candomblé Mãe Senhora Aparecida e pelo Templo de Umbanda Caboclo Pena Branca e Mãe Nossa Senhora Aparecida, acredita que a postura mais interessante na vida é a de aprendiz. É membro da 1ª gestão do Conselho de Participação e Desenvolvimento da Comunidade Negra de Piracicaba, tendo participado da comissão responsável pela implementação do mesmo. Produziu os curtas-metragens "Águas da Oxum" (Adjá Produções/fora de catálogo); "Mãe dos Nove Céus" (Bom Olhado Produções), "Mãe dos Peixes, Rainha do Mar" (Bom Olhado Produções) e "Xangô" (Bom Olhado Produções).

Coordena o curso virtual "Mídia e Religiosidade Afro-brasileira" (EAD Cobra Verde – Florianópolis – SC). Em 2012 recebeu o Troféu Abolição (Instituto Educacional Ginga – Limeira, SP). Em 2013, o Diploma Cultura de Paz – Categoria Diálogo Inter-religioso (Fundação Graça Muniz – Salvador, BA). É presidente da Associação Brasileira de Escritores Afro-religiosos – Abeafro.

# *Outras publicações*

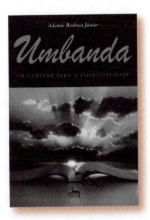

## UMBANDA – UM CAMINHO PARA A ESPIRITUALIDADE
### Ademir Barbosa Júnior (Dermes)

Este livro traz algumas reflexões sobre a Espiritualidade das Religiões de Matriz Africana, notadamente da Umbanda e do Candomblé. São pequenos artigos disponibilizados em sítios na internet, notas de palestras e bate-papos, trechos de alguns de meus livros.

Como o tema é amplo e toca a alma humana, independentemente de segmento religioso, acrescentei dois textos que não se referem especificamente às Religiões de Matriz Africana, porém complementam os demais: "Materialização: fenômeno do algodão" e "Espiritualidade e ego sutil".

Espero que, ao ler o livro, o leitor se sinta tão à vontade como se pisasse num terreiro acolhedor.

Formato: 16 x 23 cm – 144 páginas

Dúvidas, sugestões e esclarecimentos
E-mail: ademirbarbosajunior@yahoo.com.br

Distribuição exclusiva

www.aquarolibooks.com.br